Humanistische Porträts

Die Reihe „Humanistische Porträts“ erinnert Menschen,
— die durch ihr Leben, ihr Reden, Schreiben, Handeln „Menschlichkeit“, „Bildung und Barmherzigkeit“ bewiesen, den Menschen „in die Mitte“ gestellt haben;
— die sich aus keinem anderen Grund für ihre Mitmenschen, für Menschenrechte und Menschenwürde eingesetzt haben, als weil sie Menschen sind: „der Mensch als Mensch“ (Cicero);
— die Ehrfurcht hatten vor der Natur und jeglichem Leben;
— die „Bildung“ nicht als Privileg, als Etikett für Eliten, als Mittel zum Ausschluss benutzten und humanitäre Praxis („Barmherzigkeit“) nicht als Mittel zur bloßen Linderung oder Verdeckung von Missständen, Ausbeutung, Repression;
— die dadurch gezeigt haben, dass ohne Humanität Humanismus nicht zu machen ist.

Diese Menschen gab und gibt es unter verschiedenen Namen, in allen Epochen und Regionen, in allen Klassen, Schichten, Geschlechtern und Berufen.

Ausdrücklich „Humanisten“ (italienisch: *umanista*) heißen sie seit der italienischen Renaissance (15. Jahrhundert); die Namen „Humanismus“, „Humanitarismus“ oder „humanistische Bewegung“ sind Prägungen der westeuropäischen Moderne (19. bis 20. Jahrhundert); das Grundwort *humanitas* (Menschheit, Menschlichkeit) ist römische Prägung des ersten Jahrhunderts v. u. Z.

Die „humanistische Perspektive“ bestimmt die Auswahl der Porträts, den „Sehepunkt“ und den Fokus der Darstellung.

Ein Porträt ist keine Biographie, keine umfassende, gleichmäßig ausführliche Erzählung aller Stationen des Lebens eines Einzelnen.

Ein humanistisches Porträt ist keine Heiligengeschichte, schafft keine Galerie von Vorbildern, keine Heldenschau, sondern ist anschauliche Charakteristik und kritisch. Es zeigt auch Irrwege und Missbrauch, Scheitern und Fehlentwicklung. Die Person, der „ganze Mensch“, seine Lebenspraxis und sein Werk, die vielfältigen weltanschaulichen Mischformen und die individuellen Synthesen bilden die Mitte eines humanistischen Porträts.

Berlin, 2020 Die Herausgeber

Humanistische Porträts

Herausgegeben von

Hubert Cancik, Richard Faber, Ralf Schöppner

Band 4

Adriane Feustel

Alice Salomon
(1872 – 1948)

Sozialreformerin und Frauenrechtlerin

Königshausen & Neumann

Bibliografische Information der Deutschen Nationalbibliothek

Die Deutsche Nationalbibliothek verzeichnet diese Publikation in der Deutschen Nationalbibliografie; detaillierte bibliografische Daten sind im Internet über http://dnb.d-nb.de abrufbar.

Umschlagabbildung: Alice Salomon um 1929; Photograph: Willy Römer,
© bpk/Kunstbibliothek, SMB, Photothek Willy Römer / Willy Römer

Gedruckt auf säurefreiem, alterungsbeständigem Papier
Umschlag: skh-softics / coverart

Printed in Germany
ISBN 978-3-8260-6886-7

Inhalt

Abb. 1: Alice Salomon vor der Sozialen Frauenschule in Berlin-Schöneberg um 1916; Fotografin: Schülerin der Sozialen Frauenschule

1 „A Humanitarian Exiled“ – Alice Salomons Lebensleistung

„A Humanitarian Exiled“, unter dieser Headline berichtete die New York Times am 14. Juli 1937 von der Vertreibung Alice Salomons aus Deutschland. Sie, die deutsche Jane Addams[1], eine der weltweit angesehensten Soziologinnen, sei im vorgeschrittenen Alter, krank und ihrer finanziellen Mittel beraubt, von der Gestapo aus dem Land vertrieben worden, in dem ihre Familie mehr als 225 Jahre gelebt habe. Knapp und präzise benennt die New York Times die Gründe für ihre Ausweisung: „Her Jewish ancestry (though herself a devoted Christian), her international contacts, her broad humanitarian interests, her efforts on behalf of women and labor“.[2]

A HUMANITARIAN EXILED

After a lifetime of service to the German people, Dr. ALICE SALOMON, one of the world's most distinguished sociologists, has been expelled from the Reich by the secret police. Ill, no longer young, and deprived of even the income from her savings which perforce remains within the country, this German "Jane Addams" is compelled to become a refugee from the land where her ancestors have lived for more than 225 years.

Under the empire and the republic Dr. SALOMON received high honors from the State for her pioneer work in public health, her studies of women and children in industry, and her initiative in developing a scientific attitude in social work. These activities and her writings, which include twenty books or pamphlets on sociological subjects, have made her an international figure, welcomed as a lecturer and collaborator by sociologists in many lands.

The "crime" for which Dr. SALOMON, despite her aloofness from politics, has been expelled from her native land has not been disclosed, but it isn't far to seek. Her Jewish ancestry (though herself a devoted Christian), her international contacts, her broad humanitarian interests, her efforts on behalf of women and labor—these in the minds of the German political police are sufficient to justify exile of this well-beloved and widely honored German woman.

Abb. 2: Quelle: New York Times, July 14, 1937, p. 20.

Bevor die Nationalsozialisten an die Macht gekommen waren und Alice Salomons Lebenswerk gleichermaßen zu zerstören wie es sich dienstbar zu machen suchten, war Salomon zu ihrem 60. Geburtstag im April 1932 für ihre „Lebensleistung, welche für das Wohl und die Gesundheit der Menschheit große Bedeutung hat“[3] mit der Ehrendoktorwürde der Med. Fakultät der Friedrich-Wilhelms-Universität zu Berlin geehrt und mit der preußischen Staatsmedaille in Silber ausgezeichnet worden.

Unstrittig hat Alice Salomon einen herausragenden Beitrag zur Umsetzung und Verwirklichung humanitärer Ziele in der modernen Gesellschaft geleistet. Zugleich ist es schwierig, Alice Salomon mit einem einzigen Begriff zu bezeichnen; sie und ihr Werk entziehen sich einer einfachen Etikettierung. In ihren im Exil geschriebenen Lebenserinnerungen warf sie selbst die Frage auf, was sie eigentlich gewesen sei. Sie formulierte die Frage differenzierter: „Was I primarily an educator and teacher, or a social worker and reformer, a lecturer and writer, or a public-spirited citizen with feminist and pacifist tendencies?“ und beantwortete die Frage nun doch in einem knappen Satz: „Actually, I combined all these activities into one although I was trained for none of them.”[4]

Alice Salomon gehört zu den Pionierinnen der modernen Sozialen Arbeit in Deutschland und weltweit. Sie begründete Soziale Arbeit als (Frauen-)Beruf und als Beitrag zur Verwirklichung einer sozial gerechten und humanen Gesellschaft. Sie schuf eine Schule und eine Hochschule sowie nationale und internationale Organisationen zur Sicherung von Ausbildungsstandards. Ihr Engagement für eine soziale Gesellschaft verband sie mit dem für die gleichberechtigte Teilhabe der Frauen am gesellschaftlichen und politischen Leben; sie war eine der führenden Vertreterinnen der Frauenbewegung. Unterschiedliche Perspektiven einnehmen zu können, unterschiedliche Positionen zu respektieren und zwischen unterschiedlichen Interessen zu vermitteln, ohne das eigene Ziel aus den Augen zu verlieren, sind die hervorstechendsten Charakteristika ihres Werkes in Theorie und Praxis.

Die Frage, wie eine soziale Gesellschaft möglich sei/werden könne, die um 1900 angesichts der aufbrechenden Klassen-, Geschlechter- und Generationenkonflikte aus verschiedenen Blickwinkeln, wie dem der Arbeiterbewegung, der Philosophie und der Wissenschaft gestellt wurde, stellte Alice Salomon aus dem Blickwinkel der Frauen und der Praxis der sozialen Hilfe. Sie hinterließ neben den von ihr gegründeten Institutionen und Organisationen ein umfangreiches schriftliches Werk, neben 29 Monographien und Sammelbänden, über 500 Artikel in einer Vielzahl von Fach- und

Frauenzeitschriften sowie in Tageszeitungen.[5] Sie hat jedoch kein abstraktes System entwickelt, kein starres Lehrgebäude errichtet, sondern ihre Vorstellung von Sozialer Arbeit als Beitrag zur Verwirklichung einer sozialen Gesellschaft in ständiger Auseinandersetzung mit der Praxis entwickelt und die Frage nach dem Sozialen im Kontext der jeweiligen gesellschaftlichen und politischen Bedingungen immer wieder neu gestellt und zu beantworten gesucht.

Um sich Alice Salomon als Person und ihrem vielfältigen und komplexen – Theorie und Praxis einschließenden – Werk zu nähern, sich ihr Denken und Tun zu vergegenwärtigen und zu erschließen, bietet es sich an, mit der Praxis zu beginnen.[6]

2 Frauenklubs – Annäherungen an Person und Werk

Ende der 1890er Jahre wurden in Berlin im Abstand von nur einem Jahr zwei Frauenklubs eröffnet, die ersten ihrer Art. Beispielhaft zeigen die beiden Projekte die Pole, zwischen denen sich die moderne Soziale Arbeit entwickelt hat. Sie zeigen – beide maßgeblich von Alice Salomon angestoßen – nicht nur, wofür Alice Salomon sich engagiert hat, sondern auch, in welcher Weise sie das tat.

1898 öffnete im Oktober in der Brückenstraße in Berlin-Mitte nahe der S-Bahn das erste Arbeiterinnenheim, ein Klub für jugendliche, junge Arbeiterinnen. Nicht weit davon entfernt wurde ein Jahr später ein weiterer Klub mit dem programmatischen Namen „Berliner Frauenklub von 1900“ eröffnet.

Die Einrichtung des Klubs in der Brückenstraße war eine Reaktion auf die Situation, dass die jungen Arbeiterinnen, häufig Fabrikarbeiterinnen, nach ihrem 11-stündigen Arbeitstag buchstäblich keinen Raum für sich hatten, keinen öffentlichen und keinen privaten.

Abb. 3: Küche einer Arbeiterwohnung in Berlin, Möckernstr. 115, 1904. Die Ein-Zimmerwohnung wurde von einer achtköpfigen Familie und einem Schlafburschen bewohnt. Fotograf: Heinrich Lichte.

Sie hatten nicht nur keinen eigenen Raum für sich, sie hatten auch keinen eigenen Schrank und häufig, allzu häufig hatten sie nicht einmal ein Bett für sich allein. Sie teilten ihr Bett nicht nur mit ihren Geschwistern, sondern häufig mit Schlafburschen oder Schlafmädchen, die dafür eine geringe Miete zahlten. 1900 wurden in Berlin in 70.000 Haushalten 130.000 Schlafplätze vermietet, um den Familien das Überleben zu sichern. Der Name des Klubs „Arbeiterinnenheim" verweist darauf: Der Klub sollte den jugendlichen Arbeiterinnen ein Heim schaffen – ein Abendheim, ein Erholungsheim – ein Freizeitheim.[7]

Abb. 4: Arbeiterinnenheim in der Brückenstraße in Berlin-Mitte um 1900; Fotograf: unbekannt.

Ein Jahr später – das Arbeiterinnenheim hatte zu der Zeit bereits eine Erfolgsgeschichte aufzuweisen: 4.000 Abendgäste und an die 9.000 Mittagsgäste hatten das Angebot genutzt und geholfen, Strukturen und ein vielfältiges Angebot an Kursen und Aktivitäten zu entwickeln – wurde im Oktober 1899 der „Berliner Frauenklub von 1900" eröffnet. Er sollte sich als nicht weniger erfolgreich erweisen. 350 Frauen waren dem Aufruf des neuen Klubs im Oktober gefolgt und schon im Dezember hatte er 500 Mitglieder, es waren „Lehrerinnen, Handelsangestellte, studierte Frauen, Künstlerinnen, Direktricen u.s.w."[8]

Auch dieser Klub wollte den Frauen ein Heim schaffen, denn zu den „modernen Bedürfnissen der Frau gehört der Klub, eine den modernen Verhältnissen angepasste gemeinsame Häuslichkeit für alle, die sich allein eine solche nicht schaffen können oder wollen."[9] Auch diese Klubgründung reagierte auf gesellschaftliche Entwicklungen, die zu Veränderungen in den traditionellen Familienstrukturen und der Frauenrolle führten. Die Haushalte des Bürgertums wurden kleiner. Sie konnten nicht allen Töchtern ein Auskommen im Rahmen der Familie sichern, wie es traditionell üblich gewesen war. Der Klub sprach die unverheirateten jungen Frauen des Bürgertums an, die sich selbst eine Existenz durch eigene Berufs- und Erwerbstätigkeit aufbauten. Auch diesen jungen Frauen fehlte ein eigener Raum, nicht in dem ganz buchstäblichen Sinne wie den jungen Arbeiterinnen, aber in einem weiteren Sinne, denn auch sie hatten keinen eigenen gesellschaftlichen / öffentlichen Ort.

Abb. 5: Bibliothek des „Berliner Frauenklubs von 1900"; vorne lks. Alice Salomon; Fotograf: unbekannt.

Die Anlage dieses Klubs war aufwendiger und anspruchsvoller konzipiert, mit „behaglichen Räumen, guter Verpflegung, reichhaltiger Bibliothek [...] zum Ausruhen, zu ungestörter Erholung", aber auch „zu Geselligkeit, zu geistiger Anregung"; der Klub sollte „wie eine Republik, wie eine Demokratie, regiert werden", denn das Ziel war: die „Mitglieder zu modernen Frauen zu erziehen, welche die Aufgaben erkennen und erfassen, die unsere Zeit uns darbringt, den Gemeinsinn zu fördern und dadurch zum allgemeinen gesellschaftlichen Fortschritt beizutragen, das sind die großen, bedeutsamen Ziele und Aufgaben, denen die Frauenklubs zustreben müssen."[10]
Die beiden Klubs verweisen auf die Unterschiede der Lebenswelten der Frauen und auf die Trennung der Klassen, die sich im Wilhelminischen Deutschland stärker als in anderen Ländern nicht nur fremd, sondern auch feindlich gegenüberstanden, auch noch, nachdem das Sozialistengesetz, das die Aktivitäten von Sozialisten, So-

zialdemokraten, Kommunisten seit 1878 unter Strafe stellte, 1890 endlich aufgehoben war.

Über beide Klubgründungen hat Alice Salomon in Fach-, Frauen- und politischen Zeitschriften berichtet. Die Artikel vermitteln einen Einblick in Alice Salomons Denken und Tun in einer bündigen und dabei anschaulichen Weise. Das Arbeiterinnenheim wirkt darin wie mit leichter Hand entworfen:

„Die Kosten, die durch solche Gründung entstehen, sind sehr geringe. Ein Raum, der in den Abendstunden nicht anderweitig gebraucht wird, ist gewöhnlich nicht schwer zu finden; eine kleine Bibliothek wird Jeder, der Interesse für die Sache hat, sich leicht aus den entbehrlichen Schätzen junger, wohlhabender Freunde zusammenstellen können. Hat man einen Schulraum, ein Bureau, etwa einen Raum eines Arbeitsnachweises für die Abendstunden zur Verfügung, so macht die Einrichtung nicht viel Sorge und Kosten; es handelt sich dann nur um Beschaffung und Unterbringung eines Schrankes, in dem man einige notwendige Gegenstände, etwas Geschirr, eine Theemaschine u.s.w., Bücher, Handarbeiten aufbewahrt, und um Anschaffung eines Klaviers, das allerdings für derartige Klubs und Heime ganz unentbehrlich ist. Ist man aber in der Lage, einen Raum zu mieten oder einen unbenutzten Raum in einem Fabrikgebäude oder dergl. zu bekommen, so macht die Einrichtung wohl immerhin etwas Kosten; das wird aber reichlich dadurch aufgewogen, daß man sich dann den Klub behaglich und wohnlich ausstatten kann. Einige bequeme Stühle, Bilder, Blumen tragen viel dazu bei, solchem Klub den Stempel der Häuslichkeit aufzudrücken."[11]

Diese Leichtigkeit verdankt sich Alice Salomons praxis- und lösungsorientiertem Denken: „'Irgendetwas muss hier geschehen', dies wurde mir zu einer ständigen Haltung", schrieb sie in ihren Lebenserinnerungen über ihre Kindheit, „bis auf den heutigen Tag sage ich, dass irgendetwas geschehen muss gegen die Nöte der Welt, und mein ganzes Leben lang habe ich versucht, wenigstens etwas von dem zu tun, was getan werden muss".[12]

„Irgendetwas muss hier geschehen" ist aber nicht mit einem leichtfertigen Praktizismus zu verwechseln. Zum praktischen Sinn und der Tatkraft kam eine ursprüngliche „Neigung zum Systematischen [...] ich musste die Dinge erfassen, planen und zurechtlegen, wie es ihrer Ordnung von Raum und Zeit entsprach".[13]

So basierte auch das so leicht entworfene Arbeiterinnenheim auf einer genauen Kenntnis der zugrundeliegenden Probleme und ihrer Ursachen. Auch darüber berichtete Alice Salomon in ihrem Artikel ebenso wie über Ansätze der sich entwickelnden Jugendfürsorge und erläuterte deren grundlegende Auffassung, „daß 14jährige Kinder doch noch Kinder sind – wenn sie sich auch in diesem jugendlichen Alter ihr Brot verdienen müssen –, die der Fürsorge der Gesellschaft noch in hohem Masse bedürfen [...], daß für die Fortbildung und Ausbildung dieser Kinder noch gesorgt werden müsse".[14] Sie stellte das neue Projekt des Arbeiterinnenheims in diesen Kontext und erweiterte zugleich das Feld der Jugendfürsorge, in dem sie die Aufmerksamkeit auf die noch nicht erkannte „Notwendigkeit" richtete, „für die Unterhaltung, das Vergnügen der jugendlichen Arbeiter [und Arbeiterinnen, AF] Sorge zu tragen, das ganz naturgemäße Bedürfnis der Jugend für Zerstreuung nach der eintönigen ermüdenden Tagesarbeit in gesunde Bahnen zu lenken, [die] [...] in Deutschland bisher nur in vereinzelten Fällen erkannt worden" sei.[15] Wie wichtig Alice Salomon diese Überzeugungsarbeit war und wie dringend geboten ihr diese erschien, macht die folgende Erläuterung deutlich:

„Die jugendlichen Arbeiter, die Kinder, die sich als Lehrlinge, als Laufburschen, als Fabrikarbeiter und -arbeiterinnen ihren Unterhalt erwerben, sind keine gleichförmige Masse; ihre Bedürfnisse sind ihren individuellen Charakter- und Geisteseigenschaften entsprechend sehr verschiedenartig. Wie die Kinder der wohlhabenden Klassen haben auch sie den Wunsch, ihre Jugend und Jugendkraft zu genießen; ja vielleicht noch in stärkerem Maße als diese. Denn während der langen Arbeitszeit müssen sie ihre Lebensgeister krampfhaft unterdrücken: ihr Verlangen nach Genuß, Freude, Glück findet weder in der Arbeitsstätte noch in dem kümmerlichen, häufig auch sorgenvollen Heim irgend welche Befriedigung."[16]

Mit der Verbindung zu den Söhnen und Töchtern der Leserinnen schlägt Alice Salomon eine Brücke über die Klassengegensätze hinweg, um ihre Leserinnen auch emotional zu erreichen und deren Verständnis für die Nöte und Bedürfnisse der Arbeiterkinder und die Bereitschaft zu praktischem Engagement zu stärken.

Damit sind bereits wichtige Elemente, die für Alice Salomons Denken und Tun charakteristisch sind, genannt. Ein weiteres Element muss noch erwähnt werden, ohne das die aufkommende Soziale Arbeit und Alice Salomons Beitrag dazu nicht vorstellbar wäre: Es ist der Bezug auf existierende Beispiele und Vorbilder, meist aus dem angelsächsischen Raum, der auch in unserem Beispiel der beiden Frauenklubs von grundlegender Bedeutung ist. Die „Klubidee“ war in England in allen gesellschaftlichen Kreisen etabliert, Klubs prägten ganz wesentlich das gesellschaftliche Leben. Auch „Working boy's clubs“ und „working girl's clubs“ gab es bereits in großer Zahl, von deren Erfahrungen Alice Salomonin in ihrem Artikel berichtet und die dem Berliner Arbeiterinnenheim zum Vorbild dienten.

Alice Salomon verfolgte in ihren Reden und Artikeln eine Methode und Dramaturgie, die diese auch noch nach mehr als 100 Jahren zu einer spannenden und mitreißenden Lektüre machen.

Es geht in den ‚kleinen‘ Texten Alice Salomons, ihren Reden und Artikeln, immer um ein bestimmtes aktuelles Problem. Deshalb ist die Darstellung anschaulich, faktenreich und präzise. Die Fakten sind situationsbezogen ausgewählt und vermittelt. Das konkrete Problem wird in einen größeren gesellschaftlichen Kontext gestellt und analysiert, das jedoch nicht in einer abstrakten Weise, sondern um Ansätze für eine Lösung zu finden, und zwar eine Lösung, die umsetzbar ist. Die Analyse schließt die gegensätzlichen (politischen) Stellungnahmen und Lösungsansätze mit ein; häufig bilden sie den Ausgangspunkt. Die Leserin wird aufgefordert, selbst zu urteilen; sie wird einbezogen in die Entwicklung der Argumentation. Die Lösung wird nicht an Dritte oder die Zukunft delegiert, sondern mit einer konkreten Aufforderung zu handeln verbunden. Sie richtet sich besonders an diejenigen, die – wie die Verfasserin selbst – aufgrund ihrer sozialen Situation in der Lage sind, sich zu engagieren, und deren Nicht-Engagement als ein Teil des Problems aufgezeigt wird. Die Texte von Alice Salomon schließen die Emotionen nicht aus, sie sprechen sie an und verbinden sie mit der rationalen Analyse. Sie klären auf und zeugen von persönlichem, individuellem Engagement, das anzuregen eines ihrer Ziele ist.[17]

Es ist ein ganzheitlicher Ansatz, der das erkennende Subjekt als denkendes und fühlendes, als verantwortliches und handelndes in seinem gesellschaftlichen Kontext versteht und der zwischen Subjekt und Objekt einen praktischen Zusammenhang, eine tätige Beziehung herstellt, ausgehend von dessen Bedürfnissen. In ihrem Lehrbuch zur Volkswirtschaftslehre wird Alice Salomon später diese zum Ausgangspunkt nehmen: „Bedürfnis: Jedes menschliche Leben ist von Bedürfnissen beherrscht. Von der Befriedigung bestimmter Bedürfnisse hängt die Existenz der Menschen ab. Die Bedürfnisbefriedigung eines ganzen Volkes durch die Arbeit des ganzen Volkes, ein System nationaler Bedürfnisbefriedigung: das nennen wir Volkswirtschaft“.[18]

3 Frauenwohl und Gemeinwohl – Die Gesellschaft umgestalten

Die Beispiele der Klubs zeigen, wie entschlossen, gleichermaßen pragmatisch und fundiert, Alice Salomon konkrete soziale Probleme angegangen ist. Wie konnte sie, die lediglich die übliche 8-jährige schöngeistige Mädchenschule besucht hatte, zu einem Ansatz kommen, der auf ein ganzheitlich-lebensweltliches Verständnis sozialer Probleme vorausweist und der grundlegend für ihre gesamte weitere Arbeit bleiben sollte? Als sie die beiden Projekte ins Leben rief, hatte sie kein Studium, wohl aber einige „Lehrjahre“, wie sie sie in ihrer Autobiographie nennt, absolviert; Lehrjahre, die sie aus ihrer eigenen Welt, der Welt der bürgerlichen „höheren“ Tochter, herausführten und ihren Horizont erweiterten, indem sie sie mit den gesellschaftlichen und sozialen Nöten der Zeit in Berührung brachten.

3.1 Jugend als Haustochter

Alice Salomon wurde 1872 geboren – ein Jahr nach der Gründung des Deutschen Kaiserreichs, am Anhalter Bahnhof direkt vor den Toren Berlins, dessen baldige Entwicklung zu einer expandierenden Industriemetropole noch kaum zu ahnen war.[19] Sie war die mittlere von sieben Geschwistern einer altansässigen assimilierten jüdischen Familie.[20] Wie ihre Schwestern besuchte sie die nahegelegene „Höhere Töchterschule“, eine angesehene christliche Privatschule. Der Vater, ein international agierender Lederkaufmann, war liberal, modern und weltoffen. Die Mutter, eine Breslauer Bankierstochter, war traditioneller und nach mehreren Fehlgeburten und dem frühen Tod dreier ihrer Kinder schwermütig. Das Mädchen Alice liebte die Schule, liebte es, mit den anderen Kindern zusammen zu sein, und sie liebte den Garten ihres Elternhauses, dem sie in ihren Erinnerungen eine große Bedeutung beimaß. In der Beschreibung des Gartens zeichnet sie ein Bild von sich selbst als einem selbstbewussten, freiheitsliebenden, begeisterungsfähigen und verantwortlichen Mädchen, Züge, wie sie auch später in ihren Texten über die Klubs zu Tage treten:

„Der Garten war das Paradies unserer Kindheit. Er [...] wurde von einem schönen alten Walnußbaum überschattet" und „war außergewöhnlich groß [...]. Er hatte einen winzigen Hügel, einen Teich und einen Springbrunnen¸ es gab alle Arten von Vögeln und Tieren, einschließlich eines Hühnerhofs [...]. Es gab altmodisch anmutende Fliederbüsche, Obstbäume und eine Pergola mit Weintrauben [...]. Es gab genug Blumen, so daß wir Kinder so viele schneiden konnten, wie es uns gefiel. Für diesen Fall war niemand da, der es verhindert hätte, da wir nur wenig beaufsichtigt wurden. [...] Der Garten pflanzte in uns alle eine tiefe Liebe zum Wachsen der Dinge ein, zum Leben, das aus der Erde hervorgeht, und besonders zu Blumen. Eine Liebe, die wir uns unser Leben lang bewahrten. Für mich bedeutete der Garten womöglich noch mehr. Dieses unbeschränkte Dasein, diese Sphäre, in der keine Autorität herrschte, in der wir unsere eigenen Herren waren, weckte meine natürliche Neigung und mein Verlangen nach einer aktiven, freien und ungebundenen Lebensführung."[21]

Von hier führte jedoch kein direkter Weg in die Unabhängigkeit. Ganz im Gegenteil waren Alice Salomons Jugendjahre von einem Mangel an Entfaltungsmöglichkeiten bestimmt, verursacht durch den frühen Tod des Vaters, als sie gerade 14 Jahre alt war. Die Familie bezog eine Mietwohnung, das Leben wurde enger, bestimmt durch die traditionellere und konservativere Familie der Mutter und durch deren Schwermut. Alice Salomon blieb in der Rolle der Haustochter gefangen, die sich zudem um die Mutter sorgen musste. Eine Ausbildung zur Lehrerin, die sie leidenschaftlich anstrebte, wurde ihr versagt. Sie hätte sich nachteilig auf ihre Heiratsmöglichkeiten ausgewirkt, weil ihre Berufstätigkeit als Zeichen mangelnden Wohlstands des Elternhauses gegolten hätte. Sie lebte mit ihrer Mutter bis zu deren Tod 1914 zusammen.

Alice Salomon teilte das Leben der Mehrzahl der höheren Töchter ihrer Generation, deren vorgezeichneter Weg wenige Optionen bereithielt. In den 1880er Jahren gab es kaum Ausbildungsmöglichkeiten für Frauen, Gymnasien und Universitäten waren ihnen verschlossen. Sie hatten keinen Zugang zu öffentlichen Ämtern, sie hatten kein Wahlrecht und kaum ein Recht an der eigenen Person. Die Frauen der Zeit waren weder Bürgerinnen noch selbstständige Rechtspersonen.[22] Der vorgezeichnete Weg führte die Frauen (des Bürgertums) in Ehe und Familie, aus der ökonomischen und juristischen Abhängigkeit vom Vater in die vom Ehemann, eine Rechtslage, die erst 1977 vollständig aufgehoben wurde.[23] Die Zeit nach Abschluss der Mädchenschule im Alter von 14 bis 15 Jahren war für die bürgerlichen Mädchen eine Zeit des Wartens, des Wartens auf einen Ehemann. In ihren Jugend- und Arbeitserinnerungen von 1928 beschreibt Alice Salomon diese Zeit als Haustochter als die schlimmste in ihrem Leben, bestimmt von einer Leere, über die die belanglosen ziellosen Beschäftigungen, wie Handarbeiten, kleine Hausarbeiten, Sich-putzen, aber auch Lesen und Vorträge-Besuchen, nicht wirklich hinweg halfen. Es war ein Leben ohne Aufgabe, ohne ausreichende Pflichten, ohne die Möglichkeit einen Beruf zu erlernen; eine entwürdigende und krankmachende Zeit.[24]
Sowohl die Erfahrung der Freiheit und Unabhängigkeit in ihrer Kindheit wie die der subjektiven Not ihrer Jugendjahre sollte für Alice Salomons soziales Engagement von elementarer Bedeutung sein. Eine Ehe ist sie nie eingegangen.

3.2 Entdeckung einer neuen Welt

Die Möglichkeit, sich aus der Untätigkeit zu befreien, sich ein eigenes Leben zu schaffen, fand Alice Salomon nicht im Rahmen von Familie, nicht auf dem vorgezeichneten Weg, sondern außerhalb davon in den „Mädchen- und Frauengruppen für soziale Hilfsarbeit“, die 1893 ins Leben gerufen wurden und denen Alice Salomon bei deren Gründungsversammlung am 5. Dezember 1893 im Berliner Roten Rathaus beitrat.

Alle Freunde unserer Bestrebungen werden um möglichste Verbreitung dieses Programmes ersucht.

Mädchen- und Frauengruppen
für soziale Hilfsarbeit
zu Berlin.

(Adresse für alle Zuschriften und Anfragen: NW., Alt-Moabit 90.)

Programm
für das Arbeitsjahr 1895/96.

Inhalt:

Abb. 6: Mädchen- und Frauengruppen für soziale Hilfsarbeit, Programm für das Arbeitsjahr 1895/96, Broschüre; Deckblatt.

Diese „Gruppen", eine Reforminitiative aus Kreisen der Frauenbewegung, der Sozialwissenschaften und kommunaler Reformer – unter ihnen Minna Cauer, Lina Morgenstern, Jeannette Schwerin, Max Weber und Gustav Schmoller – suchten junge Frauen, um in Not geratenen Frauen der arbeitenden Klassen zu helfen. Alice Salomon ergriff diese Möglichkeit für eine nützliche sinnvolle Arbeit und stürzte sich mit all ihrer lange zurückgehaltenen Energie in die Soziale Arbeit; hier konnte sie zur Entfaltung bringen, was ihr an Fähigkeiten und (Charakter-)Eigenschaften mitgegeben war: ihre außergewöhnliche Auffassungsgabe und Ausdrucksfähigkeit, ihre analytischen Fähigkeiten, ihren Tatendrang und praktischen Sinn, ihr Organisationstalent, ihre Empathie sowie ihre buchstäblich grenzenlose Neugierde. In ihren Jugend- und Arbeitserinnerungen bezeichnete sie den 5. Dezember 1893 als den Beginn ihres (eigentlichen) Lebens.[25]

Wie lässt sich die Arbeit der bürgerlichen, schöngeistig erzogenen Tochter in diesen „Gruppen" vorstellen? Was lernte Alice Salomon in den „Gruppen", und wie lernte sie es? In den Mädchen- und Frauengruppen hörte Alice Salomon ihre erste Vorlesung. Kein geringerer als Max Weber referierte über die „Grundzüge der modernen sozialen Entwicklung".[26] Als junger Professor an der Berliner Universität zählte Max Weber zu den „Kathedersozialisten" und den Unterstützern der Reforminitiative der „Gruppen", ebenso Gustav Schmoller, der namhafte Begründer der historischen Nationalökonomie, sowie der junge Nationalökonom Max Sering. Später, als Alice Salomon 1902 deren Rat zu studieren folgte, gehörten sie zu ihren akademischen Lehrern an der Friedrich-Wilhelms-Universität zu Berlin. Noch in ihrem New Yorker Exil erinnerte sie sich voll Enthusiasmus an diese ersten Vorlesungen in den „Gruppen". Das war nicht selbstverständlich. Die Mehrzahl der jungen Frauen blieb diesen Vorlesungen fern; sie waren ihnen zu abstrakt, zu theoretisch. Alice Salomon lernte daraus, dass die Volkswirtschaftslehre als wissenschaftliche Grundlage für die Soziale Arbeit auf diese und auf die Schülerinnen zugeschnitten werden müsste. 15 Jahre später setzte sie dies mit ihrem Lehrbuch der Volkswirtschaftslehre um.[27]

In ihren Lehrjahren in den „Gruppen" erhielt sie nicht nur Kenntnisse über die gesellschaftlichen und ökonomischen Hintergründe der sozialen Frage, sondern auch über die bestehenden Wohlfahrtseinrichtungen, die öffentliche Armenpflege, über Hygiene, Bodenrecht u.v.m., sie hörte von sozialen Projekten, wie den Settlements in den USA und in England, die sie selbst später auch besucht hat. Hier in den „Gruppen" gewann sie Zugang zu Fachtagungen und Kongressen, z.B. der „Konferenz der Zentralstelle für Arbeiter-Wohlfahrtseinrichtungen" oder dem „Internationalen Kongreß für Frauenwerke und Frauenbestrebungen", beide 1896 in Berlin, von denen sie in ihren frühen Artikeln berichtete.[28] Sie hörte von den neuen empirischen Sozialforschungen in England und deren Methoden[29] und gewann Kontakt zu Mitgliedern der einflussreichen englischen Fabian Society, besonders zu Beatrice Webb, die sie ebenso leidenschaftlich – nicht nur für deren „under cover" Recherchen in der Textilindustrie – bewunderte, wie sie sie entschieden kritisierte wegen ihrer Beschränkung auf die großen Reformen ohne Empathie für die notleidenden Einzelnen in ihrer aktuellen Situation.[30] Sie kam mit den großen sozialen Debatten der Zeit in Berührung, wurde in die vehementen feministischen Streits verwickelt, etwa um die Frage von Sonderrechten für Arbeiterinnen und allgemeiner den (in Deutschland) kaum versöhnbaren Streit zwischen sozialistischer und bürgerlicher Frauenbewegung.

Alle diese Erfahrungen und das neu gewonnene Wissen fügte Alice Salomon zusammen, ergänzte sie durch eigene Recherchen und verarbeitete sie in ihren Artikeln. Zudem verfasste sie eine umfangreiche Abhandlung über die Geschichte der sozialen Frauenarbeit, eine Pionierarbeit, sowie eine weitere über die im Entstehen begriffene Arbeiterinnenbewegung; beide erschienen 1901 in dem großangelegten von Helene Lange und Gertrud Bäumer herausgegebenen „Handbuch der Frauenbewegung".[31]

Es ging aber nicht nur um Wissen, um Erweiterung des Wissenshorizontes und Vermittlung von Wissen, es ging um mehr, wie die Arbeit der Klubs zeigt. Es ging um Erfahren und Erleben, um Begreifen und Verstehen. Diese Begriffe spielten in der Philosophie der Zeit eine zentrale Rolle, namentlich in Wilhelm Diltheys Lebensphilosophie, mit der er sich kritisch gegenüber der bloßen Denktätigkeit des Idealismus positionierte.[32] Aber anders als in Diltheys Kritik an diesen bezeichneten die Begriffe bei Alice Salomon die Bedingungen und Voraussetzungen, um sich einmischen, handeln, um praktisch tätig werden zu können.

Durch das Engagement in den Mädchen- und Frauengruppen für soziale Hilfsarbeit tat sich Alice Salomon und ihren Mitstreiterinnen eine gänzlich neue, ihnen unbekannte Welt auf: die Welt der Armen, der Hilfebedürftigen, ja mehr noch die Welt der Arbeit überhaupt, auch wenn die ersten Schritte bescheiden waren. Alice Salomon half einmal in der Woche für ein paar Stunden in einem Mädchenhort und besuchte Familien, die ein Hilfsersuchen gestellt hatten. Die jungen Frauen, die dem Aufruf zu sozialer Hilfsarbeit gefolgt waren, mussten sich, wollten sie diese tatsächlich leisten, mit der Not der Einzelnen konfrontieren, z.B. mit dem Elend einer Mutter, deren Kind in einem Waschtrog ertrunken war, während sie sich um den Unterhalt der Familie kümmerte, worüber Alice Salomon in einem ihrer ersten Artikel berichtete.[33] Sie mussten sich mit den Ursachen auseinandersetzen, den Arbeits-, Einkommens- und Wohnverhältnissen der Arbeiterfamilien, sie mussten sich mit der Not der unehelichen Mütter und ihrer Kinder und zugleich mit dem Auseinanderklaffen von sittlichen Normen und praktischem Verhalten konfrontieren – damit, dass der Stab über die unehelichen/ledigen Mütter gebrochen wurde, die schwangeren Dienstbotinnen aus dem Haus getrieben wurden, während gleichzeitig das Verhalten der Hausherren und deren Söhne tabuisiert wurde. Deshalb gründete Franziska Tiburtius, eine der ersten Ärztinnen in Berlin, eine „Mägdeherberge" unweit der Hackeschen Höfe, um den Mädchen, die vom Land nach Berlin kamen, Stellen in vertrauenswürdigen Familien zu vermitteln. Die Bürgertöchter der „Gruppen" mussten sich gleichermaßen auf die Anderen, die Fremden einlassen und nach den Zuständen in den eigenen Familien fragen. Sie mussten sich für Erfahrungen und Fragen öffnen, die die überkommene Ordnung infrage stellten.

Hier in der vielfältigen Arbeit der „Gruppen" erfuhr und erlebte Alice Salomon, dass Frauen gar nicht helfen konnten, selbst wenn sie es wollten, es sei denn, sie kämpften für ihre eigenen Rechte, etwa – gegen den heftigen Widerstand der Armenpfleger – für das Recht, als Armenpflegerin tätig werden zu können,[34] ebenso wie als Waisenpflegerin oder als Fabrikinspektorin oder dafür, sich um Prostituierte und weibliche Strafgefangene kümmern zu dürfen, und grundlegend für das Recht, sich zu versammeln und wählen zu können. Auch über all dies berichtete Alice Salomon.

Die Frauen dieser Generation, die sich auf das Feld der Sozialen Arbeit vorwagten, mussten sich eine Weltanschauung erarbeiten, die sie oft in Gegensatz zu ihrer eigenen Herkunft brachte.

1930 erinnerte Alice Salomon im Kontext der zunehmenden Tendenz zur „Versachlichung der Sozialen Arbeit“ an die Anfangszeit: „Früher war die Ungerechtigkeit des Menschenloses oder aller menschlichen Ordnungen eine Entdeckung, die der Einzelne in eigener Auseinandersetzung mit überkommenen Wertungen für sich selber machen mußte. Es war wie das Betreten von Neuland: Es war eine Erfahrung, die die Lebensauffassung umgestaltete, durch die Angehörige der bürgerlichen Kreise fast immer in Gegensatz zu ihrer Welt gestellt wurden. Dazu gehörte geistiges Niveau, eine innere Selbständigkeit“.[35]

Diese Lebensauffassung schloss die Erkenntnis ein, dass sie, die bürgerlichen Töchter und Frauen, ohne die Arbeit der arbeitenden Klassen buchstäblich nicht existieren konnten, dass sie in deren Schuld standen, für deren Not mit verantwortlich waren. Diese Erkenntnis führte sie zu der Überzeugung, dass sie denjenigen etwas zurückgeben müssten, von deren Arbeit und Elend sie lebten. Es ging (zunächst) um ehrenamtliche, nicht um bezahlte Arbeit. Dabei verstanden die Frauen um die Jahrhundertwende ihre soziale Hilfe aber nicht als Almosen, die die Verhältnisse nur zementieren halfen, sondern als eine qualifizierte Hilfe und als Mitwirken an den notwendigen sozialen Reformen, als Beitrag dazu, die Kluft zwischen den Klassen, die sich unversöhnlich und erbittert gegenüberstanden, zu überbrücken. Sie waren keine Revolutionärinnen, sondern Brückenbauerinnen mit der Perspektive auf eine gerechtere und friedliche Gesellschaft. Dabei war Alice Salomon aber auch keine Antisozialistin. Sonst hätte August Bebel sie wohl nicht wiederholt für die Sozialdemokratie zu gewinnen gesucht, wie sie in ihren Lebenserinnerungen berichtet. Von dessen „Intelligenz, Charme und Begeisterungsfähigkeit“ wie von seinen „strahlenden, bezwingenden blauen Augen“ zeigte sie sich noch nach Jahrzehnten fasziniert. Seinem Werben widerstand sie dennoch, denn „ich wollte keiner Bewegung beitreten, die das Prinzip der Versöhnung ablehnte“.[36]

Für das Brückenbauen zwischen den sozialen Gegnern hielten sich die Frauen als Frauen für befähigter als die Männer, die den Arbeiterinnen (und Arbeitern) direkt als Fabrikbesitzer, Arbeitgeber, Unternehmer gegenüber-, meist entgegenstanden. Einen weiteren Grund sahen sie darin, dass es zu ihrer historischen Familienrolle gehörte, sich um andere zu kümmern, sie zu pflegen, ihnen beim Aufwachsen zu helfen. Diese Fähigkeiten in die Gesellschaft zu tragen, meinte der Begriff der „geistigen Mütterlichkeit“. Er meinte durchaus nicht, dass die Frauen keine Qualifikation dafür brauchten.[37]

Es ging um Erkenntnis, um Reformen und praktische Hilfe, um Emanzipation und soziale Verantwortung, um die Verbindung von Frauenwohl mit *Gemein*wohl.[38] Die Intention der „Gruppen“ umzusetzen und weiterzuentwickeln, tragfähige Konzepte für eine solcherart komplexe Ausbildung und die dafür notwendigen Netzwerke auf- und auszubauen, dafür übernahm Alice Salomon frühzeitig Verantwortung, bereits seit 1895 als rechte Hand von Jeannette Schwerin, der charismatischen Leiterin der „Gruppen“, und nach deren frühen Tod 1899 dann als deren Nachfolgerin. Dafür war sie von Emil Münsterberg vorgeschlagen worden, dem namhaften Reformer der Armenpflege und engagierten Unterstützer der „Mädchen- und Frauengruppen“.[39]

Abb. 7: Alice Salomon, 1899; Foto: Hof-Atelier Elvira, München.

Die „Gruppen“ wurden zu Alice Salomons Lebensinhalt, wie sie den „Gruppen“ zu einer eindrucksvollen Entwicklung verhalf.[40] Sie wurden zu einer regelrechten Jugend- und sozialen Bewegung, durchdrangen bestehende Felder der Wohlfahrt, entwickelten neue Projekte und Felder, fügten allem den sozialen Aspekt hinzu und wurden zu einer Schule und Hochschule der Sozialen Arbeit. Aus dem jungen Mädchen, Alice Salomon, dem jedwede Berufstätigkeit versagt worden war und das so ziellos nach einer Beschäftigung gesucht hatte mit dem einzigen Ziel sich zu betätigen, wurde die Sozialreformerin und Sozialarbeiterin, die Frauenrechtlerin und die Nationalökonomin, die Lehrerin, Dozentin und Pädagogin, die Autorin und Rednerin, die Organisatorin, die Pazifistin und Internationalistin, die der Sozialen Arbeit eine Richtung gab und sie in eine Form brachte. Es wäre interessant, jedem einzelnen dieser Lebensstränge konkret zu folgen und sie in ihrem wechselseitigen Zusammenwirken zu erfassen, immer auf der Ebene der Praxis und der Theorie sowie ihres gegenseitigen Durchdringens. Dem im Einzelnen nachzugehen überschreitet den Rahmen eines kleinen Portraits. Bevor aber im Weiteren auf einige zentrale Fragen des Lebenswerkes von Alice Salomon näher eingegangen wird, sollen die verschiedenen Lebensstränge zumindest kurz umrissen werden.

Da ist zunächst der Gang an die Universität, den Alice Salomon 1902 auf Einladung des Nationalökonomen Max Sering und anderer antrat, die ihre Arbeit in und außerhalb der „Gruppen“ und ihre Publikationen kannten und sie gegen vehemente Widerstände der konservativen, das Frauenstudium erbittert bekämpfenden Professoren 1906 promovierten.[41] In ihrer empirischen Doktorarbeit über die „Ursachen der ungleichen Bezahlung von Männer- und Frauenarbeit“ zeigte Alice Salomon zusammen mit der Analyse den Frauen einen Weg aus dieser Ungleichheit auf.

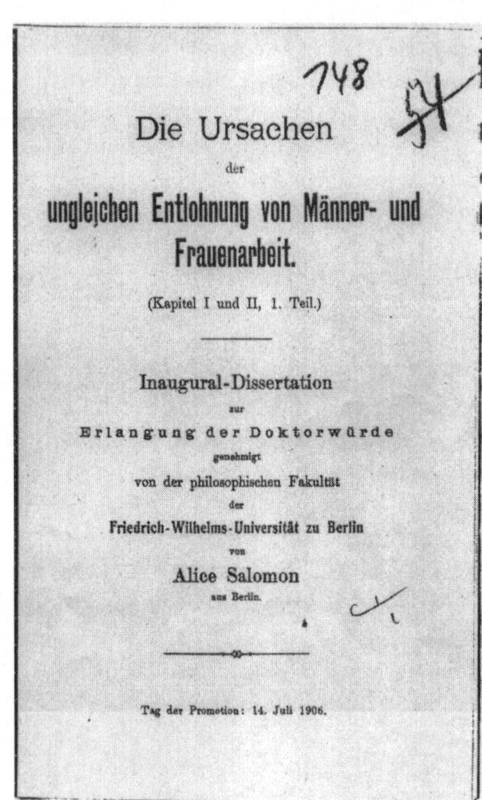
Die Ursachen
der
ungleichen Entlohnung von Männer- und
Frauenarbeit.
(Kapitel I und II, 1. Teil.)

Inaugural-Dissertation
zur
Erlangung der Doktorwürde
genehmigt
von der philosophischen Fakultät
der
Friedrich-Wilhelms-Universität zu Berlin
von
Alice Salomon
aus Berlin.

Tag der Promotion: 14. Juli 1906.

Abb. 8:
Alice Salomons Dissertation. Cover der publizierten Fassung, die 1906 als Heft 122 der von Gustav Schmoller und Max Sering hrsg. Staats- und sozialwissenschaftlichen Forschungen erschien.

Das Studium war für sie eine wichtige und beglückende, wenn auch kurze Zeit, wichtig für die Vertiefung ihrer Arbeit durch die Auseinandersetzung mit den geistigen und historischen Hintergründen. Außer den Nationalökonomen[42] beeindruckte sie Harnacks historisches Verständnis des Christentums und Georg Simmels scharfsinnige Gesellschafts- und Kulturkritik. Die Vorlesungen von Harnack und Simmel zählten zu den gesellschaftlichen Ereignissen des intellektuellen Berlin am Anfang des 20. Jahrhunderts.

Nachzuzeichnen wäre Salomons Engagement in der Frauenbewegung, die sie im nationalen Rahmen (im Bund deutscher Frauenvereine, BDF) und auf der internationalen Bühne (im International Council auf Women, ICW) mitprägte, indem sie die soziale Verantwortung der Frauenbewegung in den Mittelpunkt stellte. Frauenrechte ja! Aber wozu?, fragte sie und betonte die Verbindung von

Frauenwohl und Gemeinwohl. Denn sie betrachtet „die Formen des gesellschaftlichen Lebens nicht nur als notwendiges Ergebnis der wirtschaftlichen Verhältnisse [...], sondern glaubt, daß Menschen die Geschichte machen, daß ihre Zielsetzung, ihre Willensentschließung das eigene und das Schicksal anderer bestimmt".[43]

Des Weiteren wäre Salomons Engagement für soziale Reformen nach zu verfolgen, u.a. ihr Eintreten für Fabrikgesetzgebung, Arbeiterinnen- und Kinderschutz, den 10-Stunden-Tag, für Hygiene und Mütter- und Säuglingsschutz. Einzugehen wäre auf ihre Anstöße zu einer Mutterschaftsversicherung ebenso wie auf ihren Weg in die Wohlfahrtspolitik, wo sie 1908 und 1919 zu den ersten Frauen gehörte, die in Entscheidungsgremien berufen wurden.[44]

Ihr Weg als Pädagogin, als Schulgründerin und -leiterin, als Hochschulgründerin und Forschungsleiterin, als Organisatorin der Ausbildungsdebatte auf nationaler und internationaler Ebene wäre zu beschreiben.[45]

Und nicht weniger wäre über ihre schriftstellerische und Vortragstätigkeit zu berichten, die all diese Aspekte ihres Engagements widerspiegelt und die eine wichtige Grundlage für die Rezeption ihres Werkes ist.

Über Alice Salomons privates Leben gibt es nur wenige Zeugnisse. Es war mit ihrem öffentlichen, politischen und beruflichen Leben intensiv verbunden und ging zeitweise darin auf. Aber natürlich gab es Beziehungen, die über ihr öffentliches Leben hinaus gingen und für sie eine große Bedeutung hatten. Dazu gehörten Beziehungen zu ihrer Familie, den Kindern und Enkelkindern ihrer Geschwister, wie Briefe aus Familienbesitz zeigen, die erst kürzlich bekannt geworden sind.[46]

Ebenso wie Alice Salomon öffentlich gut und vielfältig vernetzt war, galt das auch für ihr Privatleben. In ihren Lebenserinnerungen geht sie in einem kurzen Kapitel über ihre privaten Freundschaften darauf ein. Zu ihnen zählten viele Künstler ebenso wie die Brüder Franz und Robert von Mendelssohn. Lebhaft berichtet sie von deren stadtbekannten Musiksalons, an denen neben bekannten professionellen auch Laienmusiker wie Albert Einstein mitwirkten und bei denen sie die Virtuosen Ernst Busch und Rudolf Serkin kennenlernte, mit denen sie eine lebenslange Freundschaft verband und die zu ihrem 70. Geburtstag im New Yorker Exil für sie spielten.[47]

4 Aufbruch in die Moderne – Alice Salomons Werk im zeithistorischen Kontext

Den Anfängen in diesem kleinen Portrait einen so breiten Raum zu geben, rechtfertigt sich nicht allein wegen der inspirierenden Aufbruchsstimmung, die in ihnen zum Ausdruck kommt, sondern vor allem deshalb, weil sie die konkreten Ansätze zeigen, aus denen Alice Salomon die Soziale Arbeit zu einem Beruf und ihr Konzept des Sozialen entwickelt hat.

Es gehört zu den Verdiensten von Alice Salomon, dass sie die verschiedensten Ansätze aufgegriffen, verbunden und in einem Ansatz, ihrer Methode, integriert hat. Sie beinhaltet:

- Theorie und Praxis in nicht hierarchischer Weise miteinander zu verbinden ebenso wie mit den gesellschaftspolitischen und weltanschaulichen Debatten der Zeit;
- Selbstreflexion: sich selbst in Beziehung zur Gesellschaft und ihren Konflikten, den Nöten der anderen zu setzen; den eigenen Standort und Standpunkt zu finden, zu benennen und ihn infrage stellen zu können;
- Auseinandersetzung mit der Frage „Was schulde ich der Gesellschaft?" und nicht nur oder in erster Linie mit der Frage „Was schuldet die Gesellschaft mir";
- Bereitschaft und Fähigkeit, unterschiedliche Perspektiven einnehmen zu können, aus unterschiedlichen Blickwinkeln auf die Welt zu schauen, sie nicht nur aus einer einzigen, der zentralen Perspektive erklären und verstehen zu wollen;
- Respekt vor und gegenüber dem Einzelnen, dem Anderen, dem Fremden zu äußern; den Schritt vom Ich zum Du zu gehen.

Es ist eine Methode der Vermittlung, der Vermittlung zwischen verschiedenen Sphären, Perspektiven, Weltanschauungen, zwischen unterschiedlichen gesellschaftlichen Kräften, zwischen dem Einzelnen und der Gesellschaft.

Die Bedeutung, das Neue und Bahnbrechende des Denkens und Handelns von Alice Salomon erschließt sich, wenn es im Kontext der Zeit betrachtet wird.[48] Die wilhelminische Gesellschaft um die Wende von 19. zum 20. Jahrhundert war von immensen Konflikten geprägt, von unversöhnlichen Klassengegensätzen ebenso wie von

Geschlechter- und Generationenkonflikten, die die Gesellschaft in ihren Grundfesten erschütterten und zu zerreißen drohten. Es war eine Zeit, in der nach einer kurzen Reformperiode am Anfang der Regierungszeit Kaiser Wilhelms II. die Konflikte, die sich während des 19. Jahrhunderts entwickelt hatten, aufbrachen. Arbeiterbewegung, Frauenbewegung und Jugendbewegung erstarkten, forderten ihre Rechte und stellten die überkommene Ordnung in Frage.

Zugleich war es eine Zeit der Befreiung aus den alten, zu eng gewordenen Bindungen und Ordnungen, eine Zeit des Aufbruchs, der alle gesellschaftlichen Bereiche erfasste und zu unterschiedlichsten Reformansätzen führte. Dazu zählt z.B. die Gründung des „Vereins für Socialpolitik" 1883, der für eine Sozialpolitik auf wissenschaftlicher Grundlage eintrat. Aber genauso zählen „bürgerliche Fluchtbewegungen" dazu, die auf ganz anderen Wegen nach neuen Werten suchten, um dem sich verstärkenden Materialismus im Zuge des überwältigenden industriellen und materiellen Wachstums, des rasanten Wachsens der Städte und der zunehmenden Vereinzelung zu entkommen: Die Jugendbewegung zog es hinaus in die Wälder; die Lebensreformer nahmen zu einer vermeintlichen Natürlichkeit Zuflucht und experimentierten mit alternativen Lebensweisen, z.B. auf dem Monte Verità; andere suchten Einfachheit und Ursprünglichkeit bei den „Naturvölkern", wie z.B. der Maler Paul Gauguin. Sie alle verband eine Zivilisationskritik, die die Suche nach einem neuen Selbst, nach neuen Beziehungen in die Flucht aus der Zivilisation und in die Natur trieb, wo sie Vorbilder für ihre Suche zu finden glaubten.

Dieser Aufbruch, das Aufbrechen alter Strukturen und Denkgewohnheiten findet sich auch in den Wissenschaften der Zeit, in der Psychologie und Medizin ebenso wie etwa in der Physik.[49] Er ergriff nicht zuletzt die Künste. Sie brachten ihn in seiner Radikalität zur Darstellung – durch die Aufgabe der Zentralperspektive, in der Begründung der abstrakten Malerei – und in der atonalen Musik zu Gehör. Der Dirigent Ingo Metzmacher fand für die Dimension dieser Aufbruchszeit treffende Worte: „Arnold Schönbergs Schritt, das über Jahrhunderte gewachsene System von Dur und Moll zu überwinden und die Töne in ihre heiß ersehnte Freiheit zu entlassen, [war] ein Ereignis von gewaltiger Tragweite. […] Er verschiebt die Perspektiven, er setzt neue Maßstäbe, er eröffnet bis dahin unvorstellbare Möglichkeiten."[50]

Dieser generelle Aufbruch in eine neue Epoche, dem sich auch die Soziale Arbeit und das Werk Alice Salomons verdanken, ging zugleich mit großen Ängsten einher. Es waren keine abstrakten, sondern im Alltag konkret spürbare Ängste. Das Aufbrechen der Denkgewohnheiten, die Infragestellung der herkömmlichen Autoritäten ist nicht nur als Befreiung aus den Fesseln einengender Bindungen zu verstehen, sondern gleichzeitig als das Freiwerden der in den bestehenden Bindungen mit eingebundenen Aggressionen. Es waren Ängste, von den entfesselten Aggressionen überwältigt, zerstört zu werden. Sie zeigten sich auch und gerade in den erschütterten Geschlechterverhältnissen: Die Emanzipationsbestrebungen der Frauen bedeuteten nichts weniger als einen Tabubruch, indem sie etwa die Sittlichkeitsfrage zum Thema machten und damit öffentlich das Augenmerk auf das Sexualverhalten der Männer richteten, oder wenn sie in heftigen Kontroversen um freie Liebe stritten und die bürgerlichen und politischen Rechte für Frauen forderten. Frauen setzten sich über die Beschränkungen der Frauenrolle hinweg, studierten, obwohl sie weder Zugang zu Gymnasien noch zu Universitäten hatten, mischten sich in öffentliche Diskussionen ein und machten sich für Frauenpflichten stark, worunter sie nun aber nicht Ehe- und Mutterpflichten, sondern Bürgerpflichten verstanden, obgleich sie gerade keine Bürgerinnen waren. An alldem war auch Alice Salomon beteiligt, wie bereits gezeigt wurde. Auch diese zerreißenden Konflikte, die mit den Veränderungen, den Auseinandersetzungen und Tabubrüchen verbunden waren, fanden ihren künstlerischen Ausdruck, nicht zuletzt in zahlreichen von Frauen geschriebenen Romanen, auf die sich Alice Salomon bezogen und über die sie geschrieben hat.[51]

Es war diese Situation der vehement geführten Klassen-, Generationen- und Geschlechterauseinandersetzungen und der zunehmenden, im Alltag zu erfahrenden Vereinzelung und ein sich verstärkender Individualismus, die die Möglichkeit eines verbindenden Sozialen als fragwürdig erscheinen ließ. Der Maler Max Beckmann hat sie in seinem berühmten Gemälde vom „Untergang der Titanic" 1912 bildlich zum Ausdruck gebracht, in dem jeder (nur noch) um sein eigenes Überleben kämpft.

Die Frage, was die Gesellschaft zusammenhält, musste neu gestellt werden, neue Antworten mussten gefunden werden. Um die Frage wurde nicht nur in den politischen und gesellschaftlichen

Kämpfen und Auseinandersetzungen gerungen, sie wurde auch in der Philosophie und den Geisteswissenschaften gestellt und führte zu völlig neuen Denkansätzen, zur Konstituierung der Soziologie als einer eigenständigen wissenschaftlichen Disziplin, und nicht zuletzt zu dem nicht weniger neuen Berufsfeld der Sozialen Arbeit.

In den 1890er Jahren erschien in Frankreich Emile Durkheims grundlegendes Buch über die „Regeln der soziologischen Methode", worin er das Soziale als einen Gegenstand sui generis begründete, indem er feststellte: „Soziales ist nur durch Soziales zu erklären".[52] Zur selben Zeit publizierte in Deutschland Georg Simmel die Abhandlung „Über soziale Differenzierung" und fasste 1908 seine Vielzahl von Einzelstudien zu seinem mit „Soziologie" überschriebenen Kompendium zusammen, in dem er in einem Exkurs die Frage „Wie ist Gesellschaft möglich?" reflektierte.[53]

In demselben Zeitraum zwischen 1893 und 1908 entwickelte Alice Salomon ein Ausbildungskonzept für Soziale Arbeit und schuf damit Grundzüge und Entwicklungslinien für ein neues soziales Berufsfeld, dessen Verständnis von Theorie und Praxis einem nicht weniger radikalen Perspektivwechsel folgte als Simmels theoretische Begründung für die Soziologie. Simmel forderte, „Form" und „Inhalt" strikt zu trennen, um das Wesen von Gesellschaft erfassen zu können. Er argumentierte, dass in der Realität Formen nicht ohne Inhalte vorkämen, dass aber erst die Formen die Inhalte zu sozialen machen würden: „Weder Hunger noch Liebe, weder Habgier noch Arbeit, weder Technik noch Religion *sind* an und für sich etwas Soziales; sie werden es, indem sie – als Ursachen oder als Zwecke – die Individuen zu Wechselwirkungen miteinander veranlassen."[54]

Mit den Wechselwirkungen zwischen Individuen hat sich auch Alice Salomon befasst. Dabei ging es ihr jedoch nicht um die bloße Erkenntnis etwa der Vielzahl von Beziehungsformen. Ihre Frage war vielmehr: Wie kann ich die sozialen Beziehungen durch meine Arbeit verändern und „sozial" gestalten? Sie stellte die Frage in einem neuen emphatischen Sinn als Mitglied der Gesellschaft, als Beteiligte – nicht nur in einem unpersönlichen Sinn, sondern konkret –, als persönlich Mitverantwortliche. Sie erdachte sich nicht wie Simmel ein System, eine Abstraktion, sondern Gesellschaftsveränderung durch miteinander verbundene Einzelne, durch Soziale Arbeit und die Begründung einer Ausbildung.

Abb. 9: Alice Salomon mit Schülerinnen auf dem Dachgarten der Sozialen Frauenschule in Berlin-Schöneberg, 1915; Fotograf: Eric Pollitzer.

Alice Salomon hat hervorgehoben, dass die Ausbildung erst den Beruf geschaffen habe. Das heißt, dass sich beide, Theorie *und* Praxis, gleichzeitig und zwar in der Sphäre der Ausbildung entwickelt haben. In ihrer prägnanten Art brachte sie die Besonderheit der Sozialen Frauenschulen als Ausbildungsstätten für die Soziale Arbeit auf den Punkt:

„Sie treiben Wissenschaft und Theorie nicht um der Wissenschaft und Theorie – sondern um der Praxis willen. Und sie treiben Praxis, die wieder sich nicht selbst genug sein darf, sondern in große geistige und kulturelle Zusammenhänge hineingestellt werden muß, wenn sie ihren Zweck erfüllen soll. Und beides, Wissen und Handeln, Denken und Tun muß auf einer Weltanschauung ruhen.“[55]

Das war vor dem Hintergrund der geisteswissenschaftlichen / idealtypischen Orientierung der deutschen Universitäten ein radikaler Paradigmenwechsel, ein Aufbruch zu einem anderen und neuen Verständnis von Wissenschaft. Dieses Verständnis kommt dem des amerikanischen Pragmatismus nahe, der um dieselbe Zeit entstand und bald in der amerikanischen Sozialarbeit eine wichtige Rolle spielte.[56] William James erklärte ihn zu Beginn des 20. Jahrhunderts in seinen Vorlesungen wie folgt:

„Wenn Sie der pragmatischen Methode folgen, dann können Sie [...] ein Wort [wie Gott, Materie, Vernunft, das Absolute] niemals als den Abschluss Ihrer Untersuchung ansehen. Sie müssen aus jedem solchen Wort seinen praktischen Kassenwert herausbringen, müssen es innerhalb des Stromes Ihrer Erfahrung arbeiten lassen. Dann erscheint es nicht mehr als Lösung, sondern vielmehr als ein Programm für neue Arbeit, und, genauer gesagt, als ein Hinweis auf die Mittel, durch welche existierende Realitäten verändert werden können. Theorien sind dann nicht mehr Antworten auf Rätselfragen, Antworten, bei denen wir uns beruhigen können; Theorien werden vielmehr zu Werkzeugen."[57]

In diesem Sinne mussten die für die Soziale Arbeit relevanten Wissenschaften auf ihren „cash value" befragt und zusammengeführt werden. Dazu fanden an der Sozialen Frauenschule in den Anfangsjahren wöchentliche Lehrer_innenkonferenzen statt und zudem ein enger Austausch mit den Praxiseinrichtungen. In den 1920er Jahren gründete Alice Salomon in Kooperation mit vielen Wohlfahrtsorganisationen die Deutsche Akademie für soziale und pädagogische Frauenarbeit, um der Verschulung der Ausbildung infolge ihrer staatlichen Anerkennung, die ihr 1920 zuerkannt worden war, entgegenzuwirken. Die Akademie sollte die wissenschaftlichen Grundlagen der Sozialen Arbeit unter Einbeziehung der Praxisorientierung weiter entwickeln. Die Akademie war eine Frauenhochschule, die einzige, die sich in Deutschland etablieren konnte und sich in kurzer Zeit ein hohes Ansehen auch über die Fachgrenzen hinaus erwarb. Auf ihren öffentlichen Veranstaltungen zu aktuellen gesellschaftspolitischen Themen der Zeit sprachen namhafte Vertreter_innen unterschiedlichster Disziplinen, wie Albert Einstein, Friedrich Meinecke, C.G. Jung, Ludwig Klages, Eduard Spranger, Paul Tillich, Marianne Weber, Gertrud Bäumer und viele andere.[58]

Alice Salomon bestand darauf, dass die Soziale Arbeit der theoretischen Fundierung bedurfte und dass die wissenschaftliche Analyse Teil der Sozialen Arbeit selbst sei. Erfolgreich wandte sie sich gegen alle Versuche, Soziale Arbeit zu einer bloßen Hilfstätigkeit für Ärzte oder Pädagogen zu reduzieren. Damit gelang ihr eine Weichenstellung, die bis heute trägt und Grundlage für die sich ausdehnende Akademisierung der pflegerischen und sozialpädagogischen Berufe ist.[59]

Was Alice Salomon geschaffen hat, war so radikal neu wie von bemerkenswertem Bestand. Soziale Arbeit als Praxis, Ausbildung und Wissenschaft hat sich in der Folge ausgeweitet und ist zu einer Säule des demokratischen Sozialstaats geworden. Die Schulen, die Alice Salomon geschaffen hat, von dem einjährigen Ausbildungskurs im Jahr 1899, über die Soziale Frauenschule mit zweijähriger Ausbildung 1908 bis zur Frauenhochschule, der Akademie für soziale und pädagogische Frauenarbeit 1925, haben ihre Fortführung in den heutigen Hochschulen für Soziale Arbeit gefunden. Ihre Grundlagen und Leitbilder gehen auf Alice Salomon zurück: die enge Verbindung von Theorie und Praxis, die Multidisziplinarität, die Internationalität und die Orientierung auf eine sozial gerechte und friedliche Gesellschaft.

Anderes ist weiterhin strittig. Die Soziale Arbeit ist noch immer überwiegend ein Frauenberuf, was heute, anders als in den Anfängen, hauptsächlich kritisch gesehen wird und kaum noch in seiner historischen Dimension als spezifischer Beitrag zu einem sozialen Gemeinwesen verstanden wird, an die besondere Geschichte der Frauen und deren Erfahrungen und Fähigkeiten anknüpfend. Verschwunden sind derartige Fragestellungen und Sichtweisen aber nicht.

"Salomon represented a unique feminist perspective, a universalist-pacifist one that objected to nationalism, religious and class hierarchy, and promoted global human rights. She avoided the moralistic attitude that blamed the poor for their plight and patronized them, calling instead for empathy on the one hand and an understanding of the structural causes of human misfortune on the other."[60]

Alice Salomon schuf nachhaltige Konzepte, Strukturen und Institutionen, indem sie sie mit festen Grundsätzen untermauerte, ohne diese zu Dogmen zu erklären. Vielmehr blieben sie offen für Veränderungen, für unterschiedliche Herangehensweisen. Zentrale Fragen stellte sie immer wieder neu und erörterte sie im jeweiligen Kontext der sich verändernden historischen Wirklichkeit. Dazu zählt die Frage nach dem Verhältnis von beruflicher und freiwilliger Sozialer Arbeit, das der Sozialen Arbeit immanente Problem, zur Entsolidarisierung der Gesellschaft beizutragen, gleichsam als

Kehrseite der Verberuflichung und Vergesellschaftung Sozialer Arbeit und der mit ihr verbundenen Tendenz zur Delegation des Sozialen.[61]

5 "To make the world a better place to live in" – Ethische Grundfragen sozialen Engagements

"To make the world a better place to live in" war das Ziel, auf das Alice Salomon all ihre Bestrebungen gerichtet hatte und das sie in ihren letzten Lebensjahren noch einmal bekräftigte, als Selbstvergewisserung und Mahnung angesichts des ungeheuren Grauens, das das nationalsozialistische Deutschland über die Welt gebracht hatte.[62] In ihren jungen Jahren hatte sie dieses Menschheitsziel enthusiastischer, hoffnungsvoller ausgedrückt. Die Welt sollte nicht nur besser, sondern „zu einem glücklicheren Wohnort für die Menschheit" werden. Mit diesen Worten des bekannten englischen Freidenkers Karl Pearson schloss sie 1901 ihren Handbuchartikel über die soziale Hilfstätigkeit der Frauen.[63]

Die Neukonzipierung von Wohltätigkeit als Soziale Arbeit am Ende des 19. Jahrhunderts war ein ethisch motiviertes bürgerliches Projekt, ein bürgerliches Frauenprojekt. Das Projekt war gleichsam der praktische Arm der aus den USA kommenden „Ethischen Bewegung", der es darum ging, über die Gräben der Konfessionen, Parteien und Klassen hinweg eine bürgerliche ethische Kultur zu begründen. Ihr Ziel war, einen Zustand herbeizuführen, „in welchem Gerechtigkeit und Wahrhaftigkeit, Menschlichkeit und gegenseitige Achtung walten", wie der Philosoph Georg von Gizycki im Januar 1893 in der ersten Nummer der Zeitschrift „Ethische Kultur" erklärte.[64]

Erscheint jeden Sonnabend. Preis viertelj. 1,60 M. Man abonnirt bei allen Buchhandlungen und Postanstalten (Post-Zeitungs-Preisliste I. Nachtr.-Nr. 2070 a).

Ethische Kultur

Inserate: Die viergespaltene Petitzeile 40 Pf. Annahme in allen Annoncenbureaux und in der Expedition SW., Zimmerstraße 94.

Wochenschrift zur Verbreitung ethischer Bestrebungen.

Im Auftrage der Deutschen Gesellschaft für ethische Kultur
herausgegeben von **Professor Georg von Gizycki.**

Verlag: Ferd. Dümmlers Verlagsbuchhandlung, Berlin SW. 12, Zimmerstraße 94.

I. Jahrgang.	Berlin, den 1. Januar 1893.	Nr. 1.

Die vorliegende Wochenschrift ist nicht ein Organ der Deutschen Gesellschaft für ethische Kultur, sondern diese hat nur den Unterzeichneten beauftragt, unter seiner eigenen Verantwortung dieselbe herauszugeben, im Vertrauen darauf, daß er im Geiste jener Gesellschaft leiten werde, deren Zweck es ist, „im Kreise ihrer Mitglieder und außerhalb desselben als das Gemeinsame und Verbindende, unabhängig von allen Verschiedenheiten der Lebensverhältnisse sowie der religiösen und politischen Anschauungen, die Entwicklung ethischer Kultur zu pflegen. Unter ethischer Kultur als Ziel ihrer Bestrebungen versteht die Gesellschaft einen Zustand, in welchem Gerechtigkeit und Wahrhaftigkeit, Menschlichkeit und gegenseitige Achtung walten."

… Die ethische Gesellschaft verfolgt also ein Ideal; und so auch soll in diesem Blatte der Glaube an das Ideale

Abb. 10: Erste Nummer der Zeitschrift „Ethische Kultur", 1. Januar 1893, S. 1; Ausschnitt.

Von diesem ethischen Verständnis waren Alice Salomons Engagement und ihre pädagogische Arbeit geprägt. Ethische Fragen durchziehen ihr gesamtes Werk. Sie behandelte sie stets in einem konkreten Kontext und stellte sie in unterschiedlichen Zusammenhängen und Zeiten jeweils neu. In zwei historisch völlig verschiedenen Situationen hat sie in öffentlichen Reden explizit ethische Fragen erörtert. Zum einen in den anfänglichen Erfolgsjahren der Sozialen Arbeit der „Gruppen" nach der Jahrhundertwende und zum anderen in den krisenhaften Anfangsjahren der Weimarer Republik.

In den frühen Jahren standen die persönlichen Motive der Sozialarbeiterinnen zur Debatte, das schwierige Verhältnis zwischen Sozialer Arbeit und dem Streben nach persönlichem Glück angesichts der Emanzipations- und Selbstverwirklichungsinteressen der jungen Sozialarbeiterinnen. Es ging um den Konflikt, Soziale Arbeit weder auf Kosten des persönlichen Glücks der Sozialarbeiterinnen zu entwickeln, noch sie bloß als eine Arbeit für deren persönliches Glück zu verstehen. In dem Vortrag „Ideal und Wirklichkeit" reflektierte und analysierte Alice Salomon 1910 ausdrücklich die Frage, wie sozial die Soziale Arbeit der jungen Sozialarbeiterinnen „wirklich" sei, worin das Soziale der Sozialen Arbeit bestünde.[65] Es ist dieselbe Frage, die in den 1980er Jahren unter dem Schlagwort „Die hilflosen Helfer" erneut diskutiert wurde.[66]

Ganz anders stellten sich die ethischen Fragen nach dem verlorengegangenen Ersten Weltkrieg, als nach einer neuen Orientierung für die Soziale Arbeit und die Wohlfahrtspflege gesucht werden musste.

Die Revolution hatte 1918 zwar dem Krieg ein Ende gesetzt, Deutschland zu einer Republik gemacht, mit dem allgemeinen und gleichen Wahlrecht auch das Frauenwahlrecht durchgesetzt und mit den Wahlen zur verfassungsgebenden Weimarer Nationalversammlung den Weg für eine demokratische Verfassung bereitet. Alice Salomon unterstützte diese Prozesse in mannigfaltiger Weise, indem sie u.a. ein parteiübergreifendes Frauenprogramm schrieb und sich gleichzeitig in der neugegründeten linksliberalen Deutschen Demokratischen Volkspartei engagierte.[67] Zugleich waren die Anfangsjahre der Weimarer Republik jedoch von größter Armut, unermesslichem Elend, von gewaltsamen Auseinandersetzungen sowie ökonomischen und politischen Unsicherheiten und den damit verbundenen tiefgreifenden Veränderungen im sozialen Gefüge der Gesellschaft geprägt. Wohin die Entwicklung führen würde, war kaum absehbar. Die weitgehende Verunsicherung, die große Teile der Gesellschaft ergriff, war auch in der Wohlfahrtspflege wirksam. Die Frage der Neuordnung von Staat und Gesellschaft betraf auch die Soziale Arbeit und die Wohlfahrtspflege unmittelbar. Welche Rolle würden sie in der Republik spielen? Würde Soziale Arbeit überhaupt noch gebraucht werden? Zahlreiche Wohlfahrtsvereine stellten ihre Arbeit ein, Sozialarbeiterinnen zogen sich in großer Zahl zurück. Gegen diese Reaktionen schrieb Alice Salomon an – sie müssten „als Fahnenflucht gebrandmarkt werden" – und forderte zur Pflichterfüllung auf.[68] Es reichte jedoch nicht, an Verantwortungsgefühl und Gewissen zu appellieren. Es ging darum, der Wohlfahrtspflege insgesamt, wie sie sich während des Kaiserreichs entwickelt hatte, nach dessen Untergang zu neuen Orientierungen und Perspektiven zu verhelfen.

In zahlreichen Reden und Artikeln setzte sich Alice Salomon mit diesen Problemen auseinander.[69] Dazu gehört die Rede „Die sittlichen Ziele und Grundlagen der Wohlfahrtspflege“, die sie im Herbst 1921 zur Eröffnung der Tagung des Deutschen Vereins für öffentliche und private Fürsorge hielt.[70] Dieser Rede, die den aktuellen Konflikten geschuldet war, kann über die spezifische historische Situation hinaus Bedeutung beigemessen werden, weil sie die Frage der (Berufs)Ethik konzentriert und unter Einbeziehung der ganzen Spannbreite der Wohlfahrtsbestrebungen erörtert.[71] Salomon übersetzt sie in Handlungsziele und zeigt beispielhaft, wie mit Blockaden und Konflikten umgegangen werden kann, um sie nutzbar zu machen und zu entschärfen, ohne die Unterschiede zu negieren.

Die sittlichen Grundlagen und Ziele der Wohlfahrtspflege.

Von Dr. Alice Salomon.

Als ich von dem Vorstand unseres Vereins die Aufforderung erhielt, bei Beginn einer Tagung, die sich mit den Folgen der Finanznot auf die Wohlfahrtspflege beschäftigt, über die sittlichen Grundlagen und Ziele der Wohlfahrtspflege zu sprechen, überlegte ich mir, welche Motive unser Vorstand für die Wahl dieses Themas wohl haben könnte. Ich habe darauf zwei mögliche Deutungen gefunden. Entweder hatte er den Wunsch, die Mitglieder des Vereins, die nichts von Finanzfragen verstehen, durch ein Thema aus einem völlig andersartigen Gebiet zu interessieren; oder er muß der Überzeugung sein, daß gewisse sittliche Kräfte imstande sind, die Finanznot zu überwinden oder jedenfalls die Wohlfahrtspflege trotz dieser Finanznot wirksam zu machen. Ich möchte diese letzte Auffassung für meine Darlegungen wählen.

Bevor wir uns morgen dem Dunkel der Not und der finanziellen Sorgen zuwenden, wollen wir deshalb eintauchen in den Optimismus, der jedem erwächst, der sich auf die Quellen der Kraft besinnt, die, unabhängig von allem äußeren Geschehen, von Niederlage und Bedrückung, dem Frieden von Versailles und dem Valutaelend, vollkommen zeitlos den Menschen gegeben sind. Dadurch wollen wir uns den Glauben für die Möglichkeit, für Erfolg und Sinn unserer Arbeit stärken.

Abb. 11: Alice Salomons Rede auf dem 37. Deutschen Fürsorgetages des Deutschen Vereins für öffentliche und private Fürsorge am 28. Okt. 1921 in Weimar; Ausschnitt.

Salomon erklärte: „Es war die unheilvollste Periode in der menschlichen Geschichte, die den rücksichtslosen Kampf der Individuen lehrte, die glaubte, dadurch ein stärkeres Geschlecht zu erziehen, und die statt dessen den Konkurrenzkampf zwischen den Individuen, den Kampf zwischen Stadt und Land, zwischen den Klassen, Rassen und Nationen hervorrief. Die Ergebnisse sind mit Flammenzeichen in die Weltgeschichte eingetragen. Sie haben uns vor den Zusammenbruch der abendländischen Zivilisation gebracht."[72]

Mit diesen Worten beschrieb sie die Situation, die es zu überwinden galt. Um eine erneute Perspektive, eine andere Vorstellung von Gesellschaft zu gewinnen, bezog sie sich besonders auf Ernst Toller, den anarchistischen Dichter und Repräsentanten der Münchener Räterepublik, und auf Martin Buber, den zionistischen Sozialisten und griff deren utopischen Gemeinschaftsbegriff auf, in dessen Zentrum Recht und Gerechtigkeit, Gewaltfreiheit und gegenseitige Hilfe stehen:

„Wir müssen schaffen die Gemeinschaft als die Verwirklichung des Göttlichen im Zusammenleben der Menschen; die Hilfe, die gegenseitige Hilfe Leibes und der Seele, als das Einanderhalten und Einandertragen, das Einanderfreimachen der Menschen zum Werk".[73]

Dieses Zitat aus Martin Bubers Rede an die Juden und die Völker der Welt von 1919 nahm Alice Salomon zum Ausgangspunkt ihrer Ausführungen über die sittlichen Ziele und Grundlagen. Ihre Rede war keine Vorlesung über Ethik, keine allgemeine Reflexion über die Bedeutung und Notwendigkeit von Ethik. Sie war der Versuch, direkt ethische Kräfte zu reaktivieren, zu helfen, die auseinanderdriftenden, um ihre jeweiligen Eigeninteressen kämpfenden Wohlfahrtsvereine und -verbände zu gemeinsamem Handeln zu bewegen. Deshalb ist es von Interesse, sich das methodisch rhetorische Vorgehen zu vergegenwärtigen, in dem Alice Salomon die Inhalte entwickelt und vermittelt.

Sie leitet aus dem Gemeinschaftsideal nicht direkt ethische Implikationen oder gar Ziele ab, sondern befragt vor dem Hintergrund des anzustrebenden idealen menschlichen Zusammenlebens in einem gleichsam pragmatistischen Verfahren sämtliche ethischen „Grundkräfte" der Wohlfahrtspflege, wie sie sich in der Geschichte ausgebildet haben.[74] Sie unterscheidet die religiösen – die jüdischen und die christlichen, die katholischen und die protestantischen – die nationalen und patriotischen, die der Solidarität der Berufsgruppe und der Klasse und die humanitären Kräfte, um aus den unterschiedlichen Ansätzen die gemeinsamen Motive herauszuarbeiten und gleichzeitig um Anerkennung und Respekt für die verschiedenen Vorstellungen zu werben: „[...] niemand gibt zu, daß seine Überzeugungen und sein inneres Leben von einem anderen richtig begriffen werden, und vielleicht ist das auch gar nicht möglich. Trotzdem richte ich an jeden die Bitte, meine Ausführungen nicht nur unter dem Gesichtspunkt zu betrachten, ob ich gerade seine Auffassung treffe, sondern daß er auch die anderen Auffassungen zu verstehen sucht."[75]

Salomon extrahiert daraus Gemeinsamkeiten, offenlassend, ob diese als Gefühle, Überzeugungen oder Glauben wahrgenommen würden und ohne diese ganz unterschiedlichen psychischen, geistig/rationalen und religiös/spirituellen Kräfte in eine Rangordnung zu bringen. Vielmehr spricht sie sie als gleichwertige an. Sie überlässt es den einzelnen Zuhörerinnen und Zuhörern, Leserinnen und Lesern, welche der drei Kräfte für sie oder ihn von besonderer Relevanz sind:

„*Gemeinsam* ist uns allen die soziale Idee; das Gefühl, die Überzeugung, der Glaube, daß gegenseitige Hilfe ein Gesetz des Lebens ist; daß die Aufgaben des Lebens sich nicht nur auf uns selbst beziehen, sondern im Dienst an anderen zu finden sind; daß wir zur Ganzheit und Fülle des Lebens nur gelangen, indem wir es ausweiten, die Brüder mit umfassen; wenn wir es überfließen lassen in Interesse, Freundschaft, Liebe und Tat; wenn wir die Schwelle überschreiten, die das ‚Ich' vom ‚Du' trennt."[76]

Im nächsten Schritt unterscheidet Salomon diese drei Kräfte und konkretisiert, worin sie jeweils von allen geteilt werden können, denn um die verschiedenen, sich misstrauisch gegenüberstehenden Akteure zu vereinen, bedarf es geteilter Gefühle und Überzeugungen und eines gemeinsamen Glaubens. Damit verändert sich die Perspektive auf die zunächst subjektiv verstandenen Begriffe und es wird deren jeweilige spezifische Bedeutung und Unverzichtbarkeit für eine solidarische, sozial orientierte Wohlfahrtspflege deutlich. Alice Salomon nennt sie im nächsten Schritt:

„Irgendwie eint uns alle [...] das *Gefühl* der Verantwortung des einzelnen für die Gesamtheit; die *Überzeugung*, daß der Mensch nicht vom Haß, sondern von der Liebe lebt; nicht vom Kampf, sondern von gegenseitiger Hilfe; daß aller Fortschritt der Zivilisation durch die wachsende Fähigkeit der Menschen für gemeinsames Wirken erreicht wird. Uns eint der *Glaube* an unser gemeinsames Schicksal, das wir in Gemeinschaft gestalten müssen. Irgendwie empfinden wir alle dieses gemeinsame Schicksal als eine erlebte, zwingende und bindende Tatsache, empfinden wir die gegenseitige Hilfe als ein Gesetz, dem sich niemand entziehen kann."[77]

Salomons Methode ist eine, die, von der Rhetorik unterstützt und verstärkt, die Einzelnen als Einzelne anspricht, würdigt und respektiert und in den Prozess des Entwickelns und der Bildung von Gemeinsamkeit einbezieht, um den nächsten Schritt gemeinsam gehen zu können, den Schritt, die gemeinsamen Vorstellungen in der Wirklichkeit umzusetzen. Es geht dabei um den „Kassenwert" der dargelegten Überlegungen. Ihn auszumachen bedarf es der Konfrontation mit der gesellschaftlichen Wirklichkeit und deren Wahrnehmung als gemeinsam zu verantwortender.

Aus der Verbindung der beiden Perspektiven entwickelt Alice Salomon in ihrer Rede von 1921 die sittlichen Ziele, die der Wohlfahrtspflege eine praktische Orientierung geben können, denn sie sind auf die historische und politische Situation bezogen und weisen doch über die Tagespolitik hinaus. Aus sieben verschiedenen Blickwinkeln formulierte Alice Salomon die Ziele der Wohlfahrtspflege: aus dem wirtschaftlichen, dem naturwissenschaftlichen, dem sozialen, dem innenpolitischen, dem weltpolitischen, dem philosophischen und dem religiösen Blickwinkel. In ihrer Gesamtheit reichen die Zielsetzungen von der Bekämpfung der Armut und ihrer Ursachen, der Befreiung der Arbeitskräfte, der Erhaltung und Steigerung des Lebens jedes Einzelnen sowie der Durchsetzung von Gleichberechtigung und Freiheit aller, der Verwirklichung des inneren Frieden durch gemeinsame Verantwortung gegenüber dem Ganzen der Nation, über den Austausch zwischen den Kulturen und die Verfolgung von Menschheitszielen, zur „Verwirklichung des Reiches sozialer Gerechtigkeit" durch den Schutz der Schwachen, sodass „die Maxime unseres Handelns zum allgemeinen Gesetz werden kann".[78] Zuletzt nennt Salomon das Ziel aus religiöser Perspektive und schließt den Bogen zum Ausgangspunkt ihrer Überlegungen, indem sie noch einmal Martin Buber zitiert:

„*Religiös* gesprochen, würde es heißen: das Reich Gottes auf Erden schaffen helfen, d.h. mit den Worten eines jüdischen Dichters: das vollkommene Zusammenleben der Menschen; die wahre Gemeinschaft, die eben dadurch die unmittelbare Herrschaft Gottes, seine Basileia, sein irdisches Königstum ist" – und fügt hinzu: „Als Christen würden wir es nennen: Die Erfüllung der Liebesidee Christi."[79]

Angesichts der zusammengebrochenen sozialen und politischen Ordnung gewinnen die ethischen Fragen unmittelbare Relevanz für die Gewinnung sozial(politischer) Zielsetzungen. Eine vergleichbare Vorrangstellung räumte ihnen Alice Salomon auch in ihrem zeitgleich erschienenen Lehrbuch „Leitfaden der Wohlfahrtspflege" ein: „Die Wohlfahrtspflege ist überhaupt nicht in erster Linie eine Aufgabe, die durch noch so gute äußere Formen und Methoden glücklich zu lösen ist. Sie ist in ganz starkem Maß ein inneres Problem."[80]

Diese Gewichtung erscheint wie eine Umkehr der Position, die Alice Salomon vor dem Krieg eingenommen hat. Im Rahmen der Debatten um die Preußische Mädchenschulreform 1908 hatte sie den moralischen Ansatz des Lehrplans für die neue höhere Mädchenschule in scharfen Worten kritisiert und die sittliche Frage so auf den Punkt gebracht: Man führe „die Schülerinnen [...] in Fabriken und Werkstätten, [...] überall dahin, wo sie das Volk bei der Arbeit sehen und seine Lebensbedingungen und seine Bedürfnisse kennen lernen. Man lehre sie [...], daß unser Wirtschaftsleben nicht auf dem Gefühl der Nächstenliebe aufbaut, sondern von dem wirtschaftlichen Vorteil des einzelnen getrieben und gesteuert wird, der den Schwachen zu Tode hetzt. Vielleicht wird dann in ihnen das Gefühl der Nächstenliebe, der Hilfsbereitschaft lebendiger werden, als wenn man [...] an ihre Barmherzigkeit appelliert, wo sie Bürger*pflichten* zu erfüllen haben."[81]

In der Anfangszeit der modernen Sozialen Arbeit waren es die objektiven Verhältnisse, die erfahren, erlebt und begriffen werden mussten, die im Zusammenhang mit der Emanzipationsbewegung als Movens einer ethischen Kultur und ethischen Verhaltens zur Überwindung sozialer Not und Überbrückung sozialer Gegensätze wirkten. Die Töchter des Bürgertums, die dem Aufruf zur sozialen Hilfsarbeit folgten, waren mit einer ihnen unbekannten Welt und der Notwendigkeit konfrontiert, sich selbst eine Weltanschauung zu erarbeiten.[82] Das trug und verband die Pioniergeneration der Sozialen Arbeit über die religiösen/konfessionellen Grenzen hinweg.

Diese die Sozialarbeiterinnen verbindende Weltanschauung der Pionierzeit gab es 1921 nicht mehr. Die politischen Verhältnisse nach dem Krieg, die Erfahrungen darin wirkten nicht zusammenführend. Zwar hatte sich die Soziale Arbeit im Krieg bewährt und zunehmende Anerkennung gewonnen, zugleich hatte sie ihren sozialen Kompass verloren, hatte sich aktiv im und für den Krieg eingesetzt, etwa wenn sie half, Frauen von ihren häuslichen Verpflichtungen freizustellen für die Arbeit in Munitionsfabriken. Die Soziale Arbeit hatte, so könnte man sagen, ihre „Unschuld verloren".[83] Die Frage ‚was ist sozial' erhob sich von neuem, drängender und grundsätzlicher als zuvor. Deshalb rückte Alice Salomon die unterschiedlichen Weltanschauungen, die religiösen, die nationalen, die der Klassensolidarität und die humanitären, in den Fokus. Dass sie in dieser Debatte bei allem Respekt gegenüber jeder einzelnen der von ihr befragten Weltanschauungen den religiösen Begründungen einen Vorrang einräumte und die in den beiden monotheistischen Religionen begründete Nächstenliebe als die in ihren Augen stärkste, nicht als alleinige (!), sittliche Kraft hervorhob, hängt nicht zuletzt mit ihrer persönlichen Geschichte zusammen, in der sie die Säkularisation auch als etwas Negatives, als einen Mangel erfahren hat.[84]

In ihrer Autobiographie bemerkte Alice Salomon: „Es gibt viele Menschen, die gut ohne Religion zurecht kommen, gute, aufrichtige, selbstlose Menschen. Ich jedoch spürte ein ursprüngliches Verlangen, ein nicht ruhendes Bedürfnis, das zunehmend stärker wurde. Als Kind, als ich mich mit dem Sinn des Lebens zu beschäftigen begann, begleitete mich immer das cui bono. Wo hatten die letzten Gründe des Handelns, die Gesetzmäßigkeiten des Lebens ihren Ursprung? Und gab es nicht eine transzendentale [sic!] Bedeutung in den Dingen dieser Welt?"[85]

Dieses Bedürfnis fand in ihrem areligiösen Elternhaus keine Befriedigung: Mein Vater, schrieb sie, „machte sich möglicherweise überhaupt keine Gedanken über Religion; er war davon einfach nicht berührt. Dies war eine ‚aufgeklärte', liberale Zeit und viele Menschen glaubten, über die Rätsel des Lebens hinausgewachsen zu sein. Meine Mutter war in ihren Gefühlen so beherrscht, daß religiöse Regungen bei ihr selten Ausdruck fanden und aus Mangel an Nahrung verkümmerten."[86]

Alice Salomon leitete mit dieser Betrachtung in ihrer Autobiographie das Kapitel über ihre Konversion zum Protestantismus ein. Sie konvertierte am Anfang des Ersten Weltkriegs in Irland, als sie von dort wegen des Kriegsausbruchs nicht nach Deutschland zurückreisen durfte. Dieser Schritt war der Endpunkt einer langen Auseinandersetzung und Entwicklung, die mit der christlichen Erziehung während ihres Schulbesuchs begonnen hatte und unumkehrbar war, weder durch Versuche der Mutter noch durch die Zusammenarbeit mit Jeannette Schwerin, die für sie Vorbild, Lehrerin und mütterliche Freundin war, und deren gelebtes Judentum Alice Salomon 1899 in ihrem Nachruf eindrücklich würdigte:

„Als geborene Jüdin hielt sie die Religion ihrer Väter unendlich hoch, hatte aber trotzdem viel Verständnis für ein reines, edles Christentum. In der Verfolgung ethischer Bestrebungen glaubte sie ein Bindeglied, eine Brücke zu finden, welche die durch konfessionelle Unduldsamkeit gerissene Kluft überbrücken könnte, und welche den Interessenkreis des einzelnen, der in unserer Zeit schwerer wirtschaftlicher Kämpfe allzusehr von idealen Gesichtspunkten abgezogen wird, wieder auf höhere und sittliche Leitmotive für das Denken und Handeln lenken könnte."[87]

Das Bestreben, die religiösen und weltanschaulichen Gräben zu überbrücken, das Alice Salomon in ihrer Zusammenarbeit mit Jeannette Schwerin praktisch erfuhr, war ein entscheidendes Movens für die Soziale Arbeit. Jüdinnen und Juden hatten an der Entwicklung einen großen Anteil. In die moderne Soziale Arbeit sind zusammen mit christlichen und humanitären in einem großen Maße Traditionen der jüdischen Zedaka eingegangen.[88] 1921 würdigte Alice Salomon die biblischen Grundlagen, die Gesetze der Tora, und konstatierte: „Es ist Wohlfahrtspflege im weitesten Sinne."[89]

Diese – von Max Weber so genannte – Weltzuwendung der Religion, die auch in Bubers Zitaten zum Ausdruck kommt, gab Alice Salomon besonders in den Krisenjahren nach dem Ersten Weltkrieg Orientierung: Deshalb räumte sie den Zitaten in ihrer Rede 1921 eine so herausragende Rolle ein. Weitere Gründe dürften von Bedeutung gewesen sein, wie der verstärkte Zuzug osteuropäischer vor den Pogromen in Russland fliehender Juden, ebenso die Organisierung der jüdischen Wohlfahrt in einem eigenen Verband und nicht zuletzt das erneute Aufflammen des seit den 1880er Jahren erstarkenden Antisemitismus.[90] In dieser Situation gab Alice Salomon in ihrer Rede einen deutlichen Hinweis auf die Bedeutung der jüdischen Wurzeln, der der Sozialen Arbeit insgesamt und ihrer eigenen, und untermauerte gleichsam die Brücke, die zu errichten sich die Frauen vorgenommen hatten und die doch immer wieder einzustürzen drohte. Auch Alice Salomon persönlich hatte lange vor dem Nationalsozialismus die weit in die Frauenbewegung hereinreichenden antisemitischen Ressentiments zu spüren bekommen.[91]

Alice Salomons religiöse Bindung stellte keinen Gegensatz zu ihren rational begründeten Konzepten gesellschaftlichen Zusammenhalts dar. Ihre Position lässt sich als die einer religiös gebundenen Humanistin bezeichnen, in dem Sinne wie Hermann Simon Moses Mendelssohns Einstellung in dessen eigenen Worten prägnant zusammengefasst hat: „Religion bestimmt das Handeln der Menschen, nicht das Denken. Dem Denken kommt volle Freiheit zu".[92] Und auch der Entscheidung, ob und welcher Religion oder Weltanschauung der Einzelne sich zugehörig und verbunden fühlt, kommt solche Freiheit zu, wie Salomon im folgenden Zitat unterstreicht. „Wir nennen die Ziele [der Wohlfahrtspflege, AF] mit verschiedenen Namen; und die Wurzeln, aus denen die Kraft uns wächst, sind verschiedener Art. Woher sie dem einzelnen kommt, ist seine Sache. Aber wir müssen sie haben, täglich von neuem, wenn wir an unsere Arbeit gehen. Wir brauchen im Alltag nicht von ihnen zu sprechen; aber wir können uns im Bewußtsein dieser Kräfte die Hände reichen, gemeinsam unseren Weg gehen, einander vertrauen und uns sammeln unter dem gleichen Banner."[93]

Insofern Soziale Arbeit nicht nur Denken, sondern zugleich Handeln ist, haben die ethischen Quellen eine große Bedeutung und die Frage, wie in der Ausbildung und im Studium damit umgegangen wird, ist von besonderer Wichtigkeit. In der Ausbildung rückte Alice Salomon die ethische Frage auf eine neue Weise in den Vordergrund, nicht als die Frage, „Was *sollen* die angehenden Sozialarbeiterinnen tun?", sondern als Frage: Wie *können* sich die Mädchen und Frauen *ausbilden* mit *ihren* spezifischen Kräften, dass sie das Richtige tun *können*, dass sie entscheiden können, was das Richtige sei, dass sie das Gute wollen können? Alice Salomon rückte die Voraussetzung von ethischem Handeln in den Vordergrund, nämlich die Bildung, die Entwicklung des Ich, der Subjektivität. Die ehemalige Schülerin Gerda M. Meyer beschrieb das in einem Gespräch im Jahr 1991 in eindringlichen Worten:

Ich war „fasziniert vom Stil des Unterrichts, vom Unterrichtsstoff, vom Umgang der Menschen untereinander – überhaupt, die Atmosphäre der Schule hat mich so beflügelt, dass ich Leistungen hervorgebracht habe, die ich vorher nie hätte hervorbringen können. [...] man [fühlte] sich da wirklich zu Hause [...], wo man alles sagen konnte, was einen bedrückte, alles sagen konnte, was einen interessierte und zu allen Dingen eine offene Stellungnahme geben konnte, [...] weil die offene Aussprache auch gefordert wurde, auch vom Lehrpersonal, und das machte eigentlich den Unterschied zu einem gewöhnlichen Schulbesuch, so meine ich das ausdrücken zu können.“[94]

6 Maxime des Sozialen – Ansätze einer Theorie des Helfens

Abb. 12: Alice Salomon, 1932. Titelbild aus dem Sonderheft der Zeitschrift „Die Frau“ zu Alice Salomons 60. Geburtstag; Fotograf: unbekannt.

In der Phase der relativen politischen Ruhe in der zweiten Hälfte der 1920er Jahre und der Wiederbelebung des internationalen Austausches reifte Alice Salomons Werk. Um Frauen für leitende Funktionen zu qualifizieren und der Sozialen Arbeit eine innovative Bedeutung zurückzugewinnen, gründete sie 1925 die Deutsche Akademie für soziale und pädagogische Frauenarbeit mit einer Forschungsabteilung. Diese führte das erste empirische Familienforschungsprojekt in Deutschland durch und vermittelte in 13 Bänden ein konkretes Bild des Familienlebens am Ende der 1920er Jahre.[95] Zu derselben Zeit verfasste Salomon, Ansätze aus den USA aufgreifend, die „Soziale Diagnose" als spezifische Methode der Sozialen Arbeit und verband sie mit – gleichfalls auf praxisorientierter amerikanischer Literatur beruhenden – „Ansätzen zu einer Theorie des Helfens", in die erneut ihre Grundüberzeugungen einflossen.[96]

Eine dieser Überzeugungen fand sie in Goethes Gedicht „Urworte" 1817 formuliert, worin es heißt, der Mensch sei „geprägte Form, die lebend sich entwickelt".[97] Diese Auffassung, die sich Alice Salomon im Laufe ihres Lebens immer mehr bestätigte, war eine wichtige Grundlage ihres Konzeptes des Helfens. Sie fasste sie in die folgenden Worte:

„Setzt einen Menschen in die Lage, ganz er selbst zu sein – und sein Erfolg ist so gut wie sicher. [...] Ermutigt ihn, seine Pläne selbst zu machen, für sich selbst zu denken – und bei all dem versucht, ihn so zu sehen, wie er ist, und ihn zu verstehen und zu würdigen."[98]

Es ist ein Kernsatz aus Alice Salomons Theorie des Helfens. Eine weitere Grundlage dieser Theorie waren die wissenschaftliche Analyse und Beurteilung der objektiven Umstände. Zusammen bildeten sie das Fundament sozialen Helfens und die Maxime Sozialer Arbeit:

„Alle Fürsorge besteht darin, daß man entweder einem Menschen hilft, sich in der gegebenen Umwelt einzuordnen, zu behaupten, zurecht zu finden – oder daß man seine Umwelt so umgestaltet, verändert, beeinflußt, daß er sich darin bewähren, seine Kräfte entfalten kann. Persönlichkeitsentwicklung durch bewußte Anpassung des Menschen an seine Umwelt – oder der Umwelt an die besonderen Bedürfnisse und Kräfte des betreffenden Menschen."[99]
Diese klare, einfach klingende Definition Sozialer Arbeit beinhaltet in ihrer bipolaren Ausrichtung eine äußerst schwierige Entschei-

dungsfrage, die in jedem einzelnen Fall zu beantworten ist. Es geht um eine Entscheidung, die nicht rein objektiv getroffen werden kann. Alice Salomon schenkte daher dem kreativen Moment Sozialer Arbeit besondere Beachtung. Am Anfang ihrer theoretischen Erörterung reflektierte sie über „die *Kunst*, zu leben", darüber, was leben und das Leben bedeute. Das ist ein lesenswerter kleiner Text, der sich einmal mehr durch die Verbindung von Allgemeinem und Konkretem und durch die Hinterfragung scheinbarer Selbstverständlichkeiten auszeichnet. Um in das Leben Hilfebedürftiger einzugreifen, bedarf es eines Begriffes von menschlich gutem Leben. Es wirkt auf den ersten Blick provokativ, wenn Alice Salomon Leben als „Anpassung" definiert: Der „Vorgang der Anpassung ist *das Leben*". Denn die „Welt, in die wir geboren werden, paßt nicht wie ein Rock, der nach Maß gemacht, oder wie ein Haus, das nach unseren Wünschen gebaut ist. Diese Welt war lange vor uns und [...] hat die Bedingungen geformt, unter denen der einzelne leben muß. Der Mensch hat sich damit abzufinden. Das ist seine *Aufgabe*."[100]

So kategorisch die Bestimmung erscheint, so beruht sie doch keineswegs auf mechanistischen oder deterministischen Vorstellungen, wie sie etwa im Sozialdarwinismus zu finden sind, Vorstellungen gegen die sich Alice Salomon stets entschieden gewandt hat. Alice Salomon geht anders vor, sie beleuchtet den Vorgang der Anpassung an unterschiedlichsten exemplarischen Lebenssituationen als vielfältigen, schwierigen und nicht abschließbaren Vorgang, mit der Schlussfolgerung: „wer ihn meistert, beherrscht die Kunst des Lebens" und fügt hinzu: „Niemand, der den Einsatz bedenkt, wird leugnen, daß ‚leben' die Höchste aller Künste ist".[101]

Mit diesem Begriff von Kunst, der an das Kunstverständnis expressionistischer Künstler im Ersten Weltkrieg erinnert[102] oder auch an Beuys' erweiterten Kunstbegriff der 1960er/1970er Jahre,[103] öffnet Alice Salomon die Perspektive auf die Möglichkeiten des Einzelnen. Kunst des Lebens bedeutet, den Vorgang der Anpassung zu gestalten, sich in Beziehung zu den Umständen zu setzen, sich einzufügen *und* auseinanderzusetzen *und* zu entwickeln, es bedeutet keinesfalls, die Umstände und Gegebenheiten fraglos zu akzeptieren: „Mit allem müssen wir uns auseinandersetzen, und von unserem Verhalten hängt der Inhalt unseres Lebens ab."[104]

Um Eigenverantwortlichkeit und Gestaltung des eigenen Lebens geht es, darum, dem Leben einen Sinn zu geben, dies aber nicht auf Kosten des Sozialen, sondern im Rahmen und in Auseinandersetzung mit den gesellschaftlichen Verhältnissen. Deshalb bedeutet die Betonung der Eigenverantwortlichkeit auch keine Relativierung oder gar Zurückweisung der Verantwortung für den Anderen, der Hilfe für diejenigen, die, aus welchen Gründen auch immer, nicht in der Lage sind, die Anforderungen des Lebens zu „meistern". Vielmehr gibt dieses Verständnis von Leben/leben dem Helfen eine umfassende Orientierung. Niemandem solle gegen seinen Willen geholfen werden, denn:

„Was ein Mensch für sich selbst erarbeitet, erreicht und tut, hat ganz andere Wirkungen für sein Wohlergehen als alles, was für ihn getan werden kann. Das Gefühl des Vollbringens und der Kraft, das entsteht, wenn man selbst Herr über eine Schwierigkeit wird, ist ein zu kostbares Gut, als daß man es irgendeinem Menschen vorenthalten dürfte."[105]

Helfen selbst erweist sich einmal mehr als eine Kunst, nämlich zum einen zu erkennen, worin die Notlage eines Menschen begründet ist, d.h. eine soziale Diagnose zu erstellen, zum anderen zu erkennen, welche Hilfe angemessen wäre, um jemanden aus seinen Nöten herauszuhelfen. Zum dritten geht es darum, die Wünsche und Fähigkeiten des Hilfesuchenden zu erkennen, um mit ihm gemeinsam eine Perspektive zu entwickeln, oder richtiger, ihn zu unterstützen, seine eigene Perspektive zu erkennen und Pläne zu entwickeln; es gilt also, ihm bei der Umsetzung zur Seite zu stehen, und nicht, ihm die Pläne der Sozialarbeiterin überzustülpen. Eine solche Hilfe ist nicht direkt aus der Analyse ableitbar. In richtiger Weise zu helfen, bedarf neben analytischen und empathischen Fähigkeiten, Urteils- und Entscheidungskraft; es erfordert psychische und kreative Kräfte: „Die richtige Methode sichert keinen Erfolg, wenn es an der Fähigkeit zu schöpferischer Einsicht, an der Fähigkeit zur Einfühlung fehlt."[106] Und: „Es geht um die Ausübung eines Könnens, um die Verbindung von Wissen, Kunst und Technik"[107] mit dem Ziel, „einen Menschen in die Lage [zu setzen], ganz er selbst zu sein."[108]

Dieses Verständnis von Leben hat sich Alice Salomon in der Auseinandersetzung mit dem der Hilfebedürftigen und mit ihrem eigenen gebildet und vertieft; es eröffnete einen neuen Blick auf den Hilfesuchenden: „Je mehr man mit Menschen zu tun hat, die sich in Not befinden, desto größer wird das Vertrauen zur Menschheit und die Achtung vor dem Menschen. Wenn man sieht, welche Anstrengungen sie machen, um ihre Schwierigkeiten zu überwinden, so vertieft sich der Glaube an ihre Fähigkeit, sich selbst zu helfen."[109]

Die Neuausrichtung der Hilfsperspektive markiert methodisch-theoretisch die Wende von der „schematischen Fürsorge", die die Hilfesuchenden aufgrund ihrer Defizite betrachtet und einordnet, zu einem neuen Verständnis von Selbsthilfe, das die Fähigkeiten der Hilfesuchenden in den Focus rückt und die Kluft zwischen Hilfesuchenden und Helfenden in einer neuen Weise überbrückt. Das war ein wichtiger Schritt zur Demokratisierung des Verhältnisses zwischen Sozialarbeiterin und Klientin.[110] Er hatte die gesellschaftlichen Veränderungen, die demokratische Entwicklung in Deutschland zur Voraussetzung ebenso wie das Aufleben der internationalen Kontakte und Beziehungen, von denen Alice Salomons Buch „Soziale Diagnose" gleichfalls zeugt. „Ein Volk, das zehn Jahre von der übrigen Welt fast völlig abgeschlossen war", schrieb sie 1926 im Vorwort, „tut gut daran, vorurteilslos zu prüfen, was es von anderen lernen kann."[111] Als eine Art „internationale freie Mitarbeiterin" hatte sie in den Zeiten des zerstörten internationalen Vertrauens, ihre internationalen Kontakte wiederaufgenommen, auch um von dem ‚neuen Deutschland', dem demokratischen Deutschland zu berichten.[112]

Wie schwierig es ist, dem Blick auf den Einzelnen in seiner Besonderheit und als Gleichem in der Realität Geltung zu verschaffen, bedarf kaum einer Erläuterung. Gerade deshalb soll er hier als Alice Salomons besonderes Vermächtnis hervorgehoben werden, ein Vermächtnis, dessen Bedeutung eben darin besteht, dass sie diesen Blick nicht nur theoretisch als Grundlage und Maxime sozialen Handelns beschrieben, sondern ihn umzusetzen und zu verwirklichen als Aufgabe von Sozialer Arbeit und eines jeden Menschen verstanden, bestimmt und begründet hat.

Das erklärt, warum sie sich bei der Bestimmung der Bedeutung von Leben nicht auf die idealistische Lebensphilosophie Diltheys stützte, sondern auf an der Praxis des Helfens orientierte amerikanische Ansätze.[113] Und es erklärt, dass und in welcher Weise sie Soziale Arbeit als eine eigene akademische Disziplin von den universitären Wissenschaften unterschied und zu etablieren versuchte. Dabei maß sie dem Kreativen eine entscheidende Bedeutung bei, das sie im Begriff der lateinischen „Ars" definiert fand:

Die ‚reine Wissenschaft' „will nicht der Welt eine neue Orientierung aufnötigen, sondern zum Erkennen führen. Die soziale Arbeit ist nicht nur Erkennen, sondern auf Handeln gerichtet. *Sie soll* Änderungen herbeiführen, für einzelne Menschen, ganze Gruppen und Völker, für die Menschheit. Sie soll die äußeren Umstände gestalten helfen, in denen die Menschen leben und die innere Entwicklung der Menschen beeinflussen. Sie beruht daher nicht nur auf Wissenschaft, sondern auf Kunst, auf dem, was [der französische Soziologe Jean-Pierre] Worms als ‚Ars' bezeichnet." „Die Wissenschaft erforscht Vergangenheit und Gegenwart. Die ‚Ars' will die Zukunft gestalten helfen. Wohl bedarf es der Wissenschaft zur Führung der ‚Ars'. Denn man kann nur tief und breit auf die Welt einwirken, wenn man sie begreift."[114]

Es ist der Begriff der Kunst, in einer offenen Form, der hilft, den Schritt vom Denken zum Tun zu finden, oder anders formuliert, der hilft, die Kluft zwischen Denken und Tun, zwischen Erkennen und Handeln zu überbrücken. In diesem Sinne ist Kunst als ein zentraler Begriff im Denken Alice Salomons zu werten, ohne den ihr Konzept Sozialer Arbeit und des Sozialen nicht hinlänglich verstanden werden kann. Er ist ein Schlüsselbegriff, der hilft, das Besondere Sozialer Arbeit zu bezeichnen, das, was diese mit Leben, den Anforderungen des Lebens gemein hat und worauf sie gerichtet ist; das, was mit Ratio allein nicht zu fassen ist; das, was auf Gestalten, Form geben, auf Handeln ausgerichtet ist. Dieser Begriff hilft, die Verbindung zwischen Denken und Tun, zwischen Theorie und Praxis herzustellen; er bezieht das Können, die Empathie, die Entschlusskraft zum Handeln und die Urteils- und Entscheidungsfähigkeit mit ein.[115]

Es dauerte mehr als 50 Jahre, bis Soziale Arbeit in Deutschland ein Selbstverständnis als angewandte Wissenschaft (wieder) fand und sich in den Fachhochschulen (heute Universities of Applied Sciences) institutionalisierte.

7 Das „One“ und eine abschließende Fußnote zur deutschen Geschichte des 20. Jahrhunderts

Es war ein schöpferischer Akt für Alice Salomon und ihre Generation, die aus den Fugen geratene Welt des aufkommenden 20. Jahrhunderts neu zu interpretieren und zusammenzufügen, neue Formen des gesellschaftlichen Zusammenhalts zu finden, individuelle Emanzipation und soziale Verantwortung miteinander zu verbinden. Es war auch ein schöpferischer Akt Alice Salomons, ihre verschiedenen Tätigkeits-, Wissens- und Politikfelder zusammenzufügen. Dadurch wurden sie zu dem „one“, von dem Alice Salomon in ihrer Autobiographie sprach, und dessen Kern das Soziale ist.

Das trifft nicht nur auf Alice Salomons Werk zu, sondern auch auf sie als Person. Sie ist mehr als die Wissenschaftlerin, die Pädagogin, die Autorin, die Frauenrechtlerin, die Sozialreformerin, die Sozialarbeiterin, die Organisatorin … . Dieses Mehr ist ebenso das „one“, es ist Alice Salomon in ihrer Einzigartigkeit, von der eine Faszination ausgegangen sein muss, die eine ihrer Schülerinnen aus dem Anfang der 1930er Jahre noch nach Jahrzehnten erinnerte:

„[…] sie [Alice Salomon] war ‚gedämpft‘, würde ich sagen, wenn man das Wort gebrauchen kann. Also, zurückhaltend ist nicht richtig. *Sie war eben einfach da*, ohne aufdringlich zu sein und ohne sich bemerkbar zu machen. *Sie war eben einfach da.*“ Neben diesem Eindruck einer starken Präsenz hatte sich der Schülerin ein anderer eingeprägt. Sie habe immer das Gefühl gehabt, Alice Salomon würde die Klasse vor sich überhaupt nicht sehen: „ihre Augen gingen über den Horizont hinaus. Das Gefühl habe ich *immer* gehabt […] sie guckt doch ganz ganz weit weg.“[116]

Diese Fähigkeit, über den Horizont hinaus zu sehen und gleichzeitig ganz präsent zu sein – was auch bedeutete, dass sie jede einzelne ihrer Schülerinnen sehr genau wahrnahm mit ihren Stärken und ihren Schwächen –, diese Fähigkeit machte zu einem Großteil Alice Salomons Charisma aus. Die Fähigkeit, über den Horizont hinaus zu denken und darüber das konkret Besondere, den Einzelnen mit seinen Nöten und seinen Fähigkeiten, nicht zu übersehen. Etwas von dieser Faszination geht auch von vielen ihrer Texte aus, eine Faszination, die noch heute spürbar ist, weil in ihnen Probleme und Fragen, die weiterhin oder erneut relevant sind, zur Sprache gebracht werden und dies in einer Weise, die die Leserinnen und Leser zu berühren vermag, sie nicht selten auch irritieren, doch gerade auch dadurch zum Weiterdenken anregen.

Alice Salomon wurde aus Deutschland vertrieben wegen ihrer jüdischen Herkunft und wegen ihres Konzeptes einer sozialen Gesellschaft, beruhend auf dem Respekt gegenüber jedem Einzelnen und der Solidarität mit jedem Einzelnen sowie der Verantwortung jedes Einzelnen für eine solidarische, auf Gerechtigkeit orientierte Gesellschaft. Dieses Konzept schloss die internationale Perspektive mit ein, internationale Verständigung als Basis einer friedlichen Gesellschaft.

Von einer langen Vortrags- und Besuchsreise durch die USA im Winter 1936/37 zurückkommend, wurde Alice Salomon wenige Wochen später von der Gestapo zu einem Verhör vorgeladen und unmittelbar danach ausgewiesen mit einem Pass, der nur drei Monate Gültigkeit hatte.

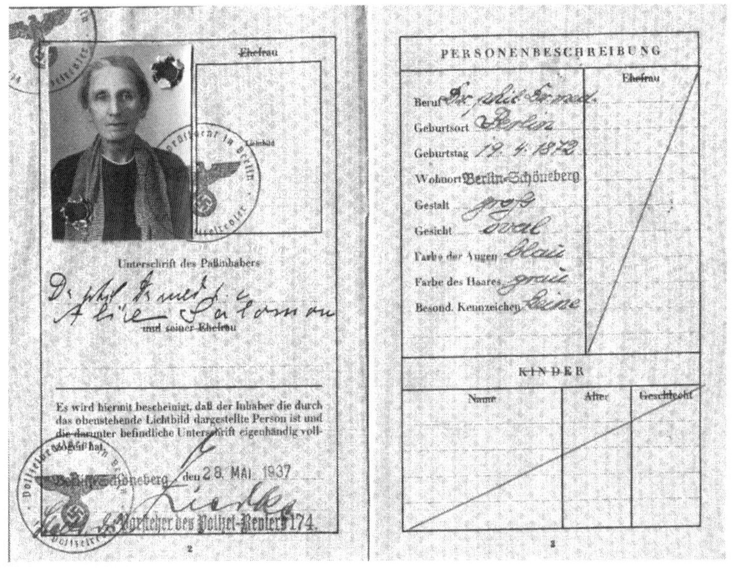

Ehefrau

Lichtbild

Unterschrift des Paßinhabers

und seiner Ehefrau

Es wird hiermit bescheinigt, daß der Inhaber die durch das obenstehende Lichtbild dargestellte Person ist und die darunter befindliche Unterschrift eigenhändig vollzogen hat.

Schöneberg, den 28. MAI 1937

Vorsteher des Polizei-Reviers 174.

2

PERSONENBESCHREIBUNG

Ehefrau

Beruf

Geburtsort Berlin

Geburtstag 19. 4. 1872

Wohnort Berlin-Schöneberg

Gestalt groß

Gesicht oval

Farbe der Augen blau

Farbe des Haares grau

Besond. Kennzeichen keine

KINDER

Name	Alter	Geschlecht

3

Abb. 13: Alice Salomons Reisepass vom 28.05.1937, Seite 2 und 3.

65-jährig, mittellos und mit geschwächter Gesundheit musste sie ein Zufluchtsland finden und sich eine neue Existenz aufbauen – als Flüchtling und nicht als die renommierte Vortragsrednerin, die sie noch wenige Monate zuvor gewesen war.[117] Wie für die Mehrzahl der Emigrantinnen und Emigranten war diese Situation auch für Alice Salomon mit größten Schwierigkeiten verbunden.[118] „There is very often a void", schrieb sie an Freunde.[119] Eine Leere, die durch den Mangel an gesellschaftlichen Aufgaben im US-amerikanischen Gastland hervorgerufen wurde und die sie mit ihrer begrenzten Vortragstätigkeit und dem Schreiben ihrer Memoiren nicht überwinden konnte.

Nach dem Krieg wurde Alice Salomon von den ihre Arbeit wieder aufnehmenden internationalen Organisationen des ICW und der IASSW mit der Ehrenmitgliedschaft geehrt, während ihre ehemaligen Kolleginnen in Deutschland den Kontakt zu ihr nicht wieder aufnahmen, mit einer Ausnahme: Isa Gruner, Mitarbeiterin des 1934 verbotenen Vereins Jugendheim in Charlottenburg, besuchte Alice Salomon im April 1948 und berichtete darüber: „Sie führte mich in ihr schönes Schreib- und Wohnzimmer, das sehr ihre Atmosphäre und ihre Kultur trug [...]. Und dann mußte ich erzählen, erzählen von allen gemeinsamen Freunden, sie fragte nach vielen Menschen".[120]

An Alice Salomon und ihr Werk zu erinnern, war ein langer widersprüchlicher Prozess in der bundesrepublikanischen Geschichte (in der DDR war die „bürgerliche" Soziale Arbeit kein Thema), der verschiedene Etappen durchlaufen hat und die Widerstände gegenüber der eigenen Mitverantwortung für Salomons Verfolgung und Vertreibung aus Deutschland zu überwinden hatte. Dieser Prozess ist ein Beispiel dafür, dass Erinnerung paradoxerweise zur Manifestation von Blockaden und damit zum Vergessen beitragen kann. Ohne hier auf diesen Prozess im Einzelnen eingehen zu können, soll doch zumindest darauf hingewiesen werden.

Abb. 14: Alice Salomons Grab, Evergreens Cemetary, Brooklyn, New York (1982); Fotograf: Joachim Wieler.

Nach ihrem Tod 1948 wurde in Deutschland an Alice Salomon erinnert und später in den 1950er Jahren erschienen einige Würdigungen und eine kleine Schriftenauswahl. Gemeinsam war diesen Erinnerungen, dass sie ein gleichermaßen idealisiertes wie reduziertes Bild von Alice Salomon zeichneten und ihre Vertreibung als Akt einer unpersönlichen Macht, als ein unglückliches Schicksal beklagten und damit von vornherein jedwede Frage nach den konkreten Umständen, den beteiligten Personen abwehrten und eine weitergehende Erinnerung blockierten. In der Konsequenz geriet Alice Salomon erneut in Vergessenheit. Das änderte sich erst wesentlich später im Zusammenhang einer kritischen Hinterfragung der Sozialen Arbeit und mit dem Rückblick auf ihre Geschichte, in deren Verlauf Alice Salomon als bedeutende Reformerin gleichsam neuentdeckt wurde. Zudem wurde erst dann auch die Rolle der Sozialen Arbeit im Nationalsozialismus nicht nur allgemein erforscht, sondern konkret auch die der ehemaligen Sozialen Frauenschule, die ihrer Gründerin, Alice Salomon, 1933 Hausverbot erteilt hatte. Während Alice Salomons Werk wieder zugänglich gemacht und aus unterschiedlichen Blickwinkeln rezipiert und diskutiert wurde, dauerte es weitere Jahre bis das Unrecht, das Alice Salomon angetan worden war, und das sich in den Schulakten niedergeschlagen hatte,[121] öffentlich und in Gegenwart ihrer Familie zur Sprache gebracht wurde.[122]

Heute tragen eine Vielzahl von Schulen, von der Grundschule bis zur Hochschule den Namen Alice Salomons in Würdigung ihrer Person und ihres Werkes und als Orientierung für die eigene Arbeit in Theorie und Praxis, als Leitbild für eine offene, gerechte, solidarische, hilfsbereite, eine humane Gesellschaft und den respektvollen Umgang miteinander, unabhängig von Herkunft, Geschlecht, Status, Religion, Nationalität oder Alter.

Alice Salomons Werk hat Eingang gefunden in die unterschiedlichsten historischen, fachlichen und theoretischen Diskurse und in die Ausbildung der Sozialen Arbeit. Alice Salomon ist nicht zu einem leblosen Denkmal versteinert, sondern gewinnt in der lebendigen, oft strittigen Auseinandersetzung schärfere Konturen, die sie als Person hervortreten lassen, wie es die Künstlerin DESSA im Rahmen ihres Projektes „The Art of Remembrance: Alice Salomon“ 2017 ins Bild zu setzen versteht und dabei in ihren Collagen zugleich die Besonderheit dieses Werkes in Erinnerung zu rufen und es erfahrbar zu machen vermag.[123]

Abb. 15: DESSA: An Intensive Life, Collage, 2017, 100x70cm; Fotograf: Joerg Hammer, s/w Kopie.
Die Collage ist Bestandteil des multimedialen Projekts der Künstlerin "The Art of Rememberence. Alice Salomon."

Die künstlerische Form der Collage, zusammen mit dem Kubismus entstanden, verweigerte sich wie der Kubismus der Zentralperspektive; einer Perspektive, die seit der Renaissance die Welt aus einem zentralen Blickwinkel, dem des Subjekts verstand und ordnete. Die Collage als – später auch surrealistische – Kunstform entstand in der Zeit der aufkommenden Moderne am Anfang des 20. Jahrhunderts, in derselben Zeit, in der auch Alice Salomon ihr Werk entwickelte, und mit der es eben dies gemein hat: sich eine neue Sicht auf die Welt zu erarbeiten und die Welt zu verändern, sie neu und besser zu gestalten.

DESSAS Collagen fügen Fragmente, Schnipsel der Wirklichkeit zu neuen Bildern zusammen und komponieren eine neue und eigene Wirklichkeit, allerdings nicht im Sinne einer Rekonstruktion; denn diese würde unterstellen, es habe die eine Wirklichkeit, die eine Wahrheit, und nur diese, tatsächlich gegeben. Vielmehr verhelfen sie dem einzelnen Element zu eigenem Recht, das es allerdings nur im Zusammenhang mit anderen gewinnt.[124] Die Komposition der Collage ist ein künstlerischer Akt und eben dieser erinnert daran und veranschaulicht es, dass es für Alice Salomon (und ihre Generation) ein schöpferischer Akt war, die aus den Fugen geratene Welt neu zu interpretieren und zusammenzufügen, um die „Welt zu einem glücklicheren Wohnort für die Menschheit zu machen."

Anmerkungen

1 Jane Addams, 1860-1934, namhafte Sozialreformerin der USA, Feministin und Pazifistin, Begründerin des Hull House Settlement in Chicago und Gewinnerin des Friedens-Nobelpreises 1931. Alice Salomon traf Jane Addams 1909 zum ersten Mal, 1915 und 1919 besuchte Jane Addams u.a. die Soziale Frauenschule von Alice Salomon. Vgl. Salomons Portrait über Jane Addams, in: Salomon 1932, 135-147.
2 New York Times, 1937-07-14, p. 20; dt: Wieler 1987, 201.
3 Urkunde der Ehrenpromotion: Leo Baeck Institute New York, AR 3875 Alice Salomon Collection; Akten der Alice Salomon, Ehrenpromotion zum Dr. med. h.c. am 19.4.1932, Humboldt-Universität zu Berlin, Universitätsarchiv, Med. Fak. Nr. 1286, Bl. 1-18.
4 Salomon [1944], 1; dt.: Salomon 2008, 15.
5 Bibliographie der Schriften Alice Salomons: Feustel 2004.
6 Grundlegende Literatur zu Alice Salomons Werk: Baron u. Landwehr 1983; Sachße 1986; Wieler 1987; Schröder 2001; Schüler 2004; Kuhlmann 2007, 2008; Feustel 2011; Braches-Chyrek 2013; kommentierte Literaturübersicht in: Braches-Chyrek 2013, 24-27.
7 Salomon 1900a, 68.
8 Vgl. Salomon 1899a, 31 u.539.
9 Salomon 1899a, 28.
10 Salomon 1899a, 29ff.
11 Salomon 1900a, 66.
12 Salomon 2008, 34.
13 Salomon 2008, 33.
14 Salomon 1900a, 65.
15 Salomon 1900a, 65.
16 Salomon 1900a, 65.
17 Siehe dazu die Analyse eines beispielhaften Textes von Salomon über den Streik der sächsischen Textilarbeiter und Textilarbeiterinnen in Crimmitschau 1903/04 in: Feustel 2011, 205 ff.
18 Salomon 1909a, 1; zur Volkswirtschaftslehre als Bedürfnislehre s. Staub-Bernasconi 2002.
19 Die biographischen Informationen beruhen, wenn nicht anders angegeben, auf Alice Salomons autobiographischen Texten, Salomon 1928, Salomon 2008.
20 Isaac Salomon (*1716) erhielt von Friedrich dem Großen 1765 Schutzbrief und Handelskoncession; Leo Baeck Institute New York, AR 3875 Alice Salomon Collection.
21 Salomon 2008, 24f.
22 Frevert 1988; Gerhard 1997; Kleinau u. Opitz (1996).
23 1. EheRG (Erstes Gesetz zur Reform des Ehe- und Familienrechts) v. 14. Juni 1976 (BGBl. I, 1421). Das Gesetz trat im Juli 1977 in Kraft.
24 Vgl. Salomon 1928, 384-386.

25 Salomon 1928, 383.
26 Salomon 1913, 65.
27 Salomon 1909a. Das Lehrbuch erschien bis 1928 in acht Neuauflagen.
28 Siehe hierzu die Bibliographie ihrer Schriften: Feustel 2004.
29 Charles Booth' 17 Bände umfassende Untersuchungen von London gelten bis heute als Grundlegung der empirischen Sozialforschung. Der erste Band erschien 1889: Booth 1889.
30 Salomon 1912; Salomon 2008, 94-95. Auf dem Internationalen Frauenkongress in London 1899 hielt Salomon das Koreferat über „Arbeiterinnenschutz" zu Beatrice Webbs Vortrag; s. Salomon 1900b.
31 Salomon 1901b, 1901a.
32 Vgl. Dilthey 1883, bes. 18.
33 Salomon 1896.
34 Anschaulich beschrieb Salomon den Konflikt mit den Armenpflegern, die vehement die Mitarbeit von Frauen ablehnten, schon weil sie bei Bier und Zigarre in den Hinterzimmern der Berliner Kneipen tagten. Salomon 2008, 73.
35 Salomon 1930, 477.
36 Salomon 2008, 78.
37 Zum Begriff der geistigen Mütterlichkeit, der auf die Gründerin des Pestalozzi-Fröbel-Hauses in Berlin, Henriette Schrader-Breymann (1827-1899) zurückgeht, vgl. u.a. Hausen 1983, Peters 1984, Sachße 1986; Rommelspacher 1991.
38 Vgl. Schröder 2001, 40 ff.
39 Salomon 1933b.
40 Toppe 2019, mit weitergehenden Literaturangaben.
41 Salomon 1906. Zum Promotionsverfahren: Universitätsarchiv der Humboldt-Universität zu Berlin, Phil. Fak. Nr. 398 u. 415; s.a. Salomon 2008, 83 ff.
42 Salomons akademische Lehrer waren: Otto Hintze (1861–1940) und Ignaz Jastrow (1856-1937), beide Historiker, die zu den Kathedersozialisten zählten; Max Lenz (1859-1932) Historiker; Friedrich Paulsen (1946-1908), Philosoph und Pädagoge, Verfechter der Reformpädagogik; Adolph Wagner (1835-1917), Nationalökonom, Begründer des Vereins für Socialpolitik zusammen mit Gustav Schmoller (1838-1917); Alfred Weber (1868-1958), Staats- und Volkswirtschaftler, zählte ebenfalls zu den Kathedersozialisten; Paul Menzer (1873-1960), Philosoph, Dilthey-Schüler, war u.a. Sekretär der Kant-Kommission der Preuß. Akademie; Rudolf Eberstadt (1856-1922), Nationalökonom und Wohnungs- und Städtebaureformer. Vgl. Salomon 1906, Lebenslauf.
43 Salomon 1908a, 393f.
44 Sachße u. Tennstedt 2005, 92.
45 Kniephoff-Knebel 2006, Feustel u. Koch 2008, Kruse 2008.
46 Ilse Eden, Großnichte Alice Salomons, hat 2008 eine Sammlung von Briefen dem Alice Salomon Archiv der Alice Salomon Hochschule Berlin

(ASA) geschenkt, eine andere Großnichte, Eva Jacobs, hat eine weitere Sammlung 2019/20 dem ASA übergeben.

47 Vgl. das Kap. „Der goldene Ring der Freundschaft", Salomon 2008, 273-285.

48 Zum historischen Hintergrund u.a. Frevert 1988; Thébaud, 1995; Gerhard, 1997; Bock 2000, 119–132; Kocka 2004, 118-128; Wehler 2003, 2006.

49 Zu den bahnbrechenden Werken gehören u.a. Sigmund Freuds Traumdeutung, Max Plancks Quantentheorie, Albert Einsteins Relativitätstheorie.

50 Metzmacher 1909; s.a. Gombrich 1996, 441 ff.; Hepp 1987.

51 Literatur sozialkritischer Autor_innen, z.B. Clara Viebig, Einer Mutter Sohn, 1906; Augusta H. Ward, Marcella, 1894; Lou Andreas Salomé, Ma, 1901; Malwida von Meysenbug, Memoiren einer Idealistin 1875; Henry Ibsen, Nora oder ein Puppenheim, 1879 und Hedda Gabler, 1890; vgl. Salomon 1908b; 1901c; 1902.

52 Durkheim (1895), 186.

53 Simmel 1890; Simmel 1908.

54 Zit. n. Otthein Rammstedt, Editorischer Bericht, in: Simmel 1908, 899; Hervorhg. i. Orig.

55 Salomon 1917, 461.

56 Vgl. Orbach, 2005; Schüler 2005; Althaus 2013, 143 ff.

57 James 1907, 33.

58 Deutsche Akademie für soziale und pädagogische Frauenarbeit [Aktensammlung] 1922–1934, Archiv des Pestalozzi Fröbel Hauses Berlin: A-PFH-AK-5.

59 Kruse 2004; Feustel u. Koch 2008.

60 Halpern 2020.

61 Feustel 2011, 102 ff. u. 203 ff.

62 Salomon an Emmy Wolff am 6.1.1946, Deutsches Zentralinstitut für soziale Fragen, Berlin: D-1149.

63 Salomon 1901b, 122; Pearson 1888.

64 Ethische Kultur, 1.1893, 1; http://goobiweb.bbf.dipf.de/viewer/image/024430897_0001/1/ (Stand 30.03.2020); Georg von Gizycki (1851-1895), Professor für Ethik an der Berliner Universität und Übersetzer grundlegender Schriften amerikanischer Ethiker wie Felix Adler (1851-1933) und William Mackintire Salter (1853-1931).

65 Salomon 1905a; 1905b; 1910. Ausführlicher: Feustel 2011, 95-102, Schröder 2002. Die ethischen Reflexionen stützten sich u.a. auf die englischen Sozialethiker und Philosophen Thomas Carlyle, John Ruskin und John Stuart Mill, auf Schriften von Praktikern wie dem Ehepaar Samuel und Henrietta Barnett und Arnold Toynbee, auf Dichter wie Benjamin Disraeli, Tolstoi und Goethe, sowie auf Philosophen des deutschen Idealismus: Kant, Fichte, Schleiermacher.

66 Vgl. Schmidbauer, 1978.

67 Salomon 1919b; Salomon 1919a. Bereits 1908, als das Vereins- und Versammlungsverbot für Frauen in Preußen aufgehoben wurde, war Salomon, wie etliche Frauen der bürgerlichen Frauenbewegung, der linksliberalen

Freisinnigen Volkspartei (seit 1910: Fortschrittliche Volkspartei) beigetreten, die liberale Positionen mit sozialen und pazifistischen verband. Ende 1918 erfolgte eine Neugründung als Deutsche Demokratische Partei (DDP).

68 Salomon 1919c, 35.

69 Salomon 1919c; Salomon 1919d; Salomon 1923 u.a.

70 Salomon 1921b; Thema der Tagung war: „Einfluß der Finanznot auf die Wohlfahrtspflege". Es ist einen Hinweis wert, dass in den heutigen Räumen des Deutschen Vereins für öffentliche und private Fürsorge in der Michaelkirchstr. 17/18 in Berlin-Mitte u.a. der Unterricht für Lebenskundelehrerinnen durch den Humanistischen Verband Deutschlands erteilt wird.

71 Beispielsweise wurde die Rede 1998 als Eröffnungsbeitrag der neu eingeführten Rubrik „Wiedergelesen" in der Zeitschrift „Archiv für Wissenschaft und Praxis der sozialen Arbeit" (29/1, 74 ff.) abgedruckt.

72 Salomon 1921b, 143.

73 Salomon 1921b, 136. Das Zitat findet sich bei Buber 1919, 84-85. Buber widmete die Rede seinem Freund, dem Anarchisten und Pazifisten, Gustav Landauer (1870-1919), der im Gefängnis ermordet worden war. In einer anderen Rede bezog Salomon sich auf Ernst Tollers „Masse Mensch. Ein Stück aus der sozialen Revolution" von 1919; Salomon 1922.

74 Zeitgleich hatte Salomon im 1. Kap. ihres Lehrbuchs „Leitfaden der Wohlfahrtspflege" einen umfangreichen Überblick über Ursprünge und Entwicklungen der Wohlfahrt seit dem Altertum verfasst, Salomon 1921a.

75 Salomon 1921b, 137.

76 Salomon 1921b, 142-143; Hervorhg. i. Orig.

77 Salomon 1921b, 143; Hervorhg. i. Orig.

78 Salomon 1921b, 144.

79 Salomon 1921b, 144f.

80 Salomon 1921a, IV.

81 Salomon 1909b, 93f; Hervorhg. i. Orig.

82 Salomon 1930; s.o. Kap. 4.

83 Vgl. Salomon 2008, 176 ff.

84 Vgl. Kaplan 1997.

85 Salomon 2008, 161.

86 Salomon 2008, 20.

87 Salomon 1899b, 10.

88 Vgl. Zedaka 1992, Kaplan 1997, Zeller 2018.

89 Salomon 1921a, 86.

90 Vgl. Brenner 2000.

91 Antisemitische Tendenzen verhinderten Salomons Wahl zur Vorsitzenden des BDF 1919 und auch zur Präsidentin des ICW 1928; vgl. Dürkop 1984.

92 Simon 2012, 19. Zu Spielarten des Humanismus s. Schöppner 2018; zu theoretischen Grundpositionen des Humanismus Wohlfahrt 2016; zum Verhältnis Religion und Humanismus beispielhaft Faber 2011, zum Verhältnis Religion und Aufklärung Tramsen 2003.

93 Salomon 1921b, 145.
94 Interview Gerda M. Meyer (1910-?), 4.12.1991, Typoskript, Alice Salomon Archiv der Alice Salomon Hochschule Berlin. Gerda M. Meyer besuchte den Vollkurs 1931/33 der Sozialen Frauenschule (Wohlfahrtsschule Pestalozzi-Fröbelhaus III) in Berlin.
95 Einen Überblick gibt Salomon 1933a.
96 Salomon 1926. Salomon bezog sich auf Mary Richmonds empirische Untersuchungen, Richmond 1917, sowie auf die amerikanischen Autoren Karl de Schweinitz 1924 und Porter Lee. Lee war 1919 Gründer der American Association of Schools of Social Work, Mitbegründer der American Association of Social Workers. Zur Methodendiskussion in der Sozialen Arbeit u.a.: Müller 2008a; Braches-Chyrek 2013; Müller 2013.
97 Johann Wolfgang v. Goethe, „Urworte. Orphisch" (1817), im Gedichtzyklus „Gott und die Welt", Weimarer Ausgabe 1/3, Weimar 1894, 95; s. Salomon 1922, 160.
98 Salomon 1926, 307.
99 Salomon 1926, 308.
100 Salomon 1926, 301 u.303, Hervorhg. i. Orig.
101 Salomon 1926, 305.
102 Vgl. Hepp 1987, 89.
103 Vgl. Harlan 1986.
104 Salomon 1926, 303.
105 Salomon 1926, 305.
106 Salomon 1926, 295.
107 Salomon 1929, 447.
108 Salomon 1926, 307.
109 Salomon 1926, 307.
110 Vgl. dazu Müller 2008b, Groschopp 2016.
111 Salomon 1926, 255.
112 Salomon 2008, 212 ff.
113 Siehe oben Fn. 96.
114 Salomon 1929,.446; Hervorhg. i. Orig.
115 Ausführlicher Feustel 2018.
116 Interview Käti Hammerschmidt, 5.10.2001, Transkript, S. 13, Alice Salomon Archiv der Alice Salomon Hochschule Berlin. Käti Hammerschmidt, geb. Dill (1907-2002), besuchte den Vollkurs 1928/30 der Sozialen Frauenschule (Wohlfahrtsschule Pestalozzi-Fröbelhaus III) in Berlin.
117 Vgl. Briefe an Freunde 1936/37, Leo Baeck Institute, New York, AR 3875 Alice Salomon Collection.
118 Vgl. Wieler 1987, Hansen-Schaberg 2009.
119 Salomon an Emmy Wolff am 8.4.1945, Deutsches Zentralinstitut für soziale Fragen, Berlin: D-1149.
120 Isa Gruner, Letzte Begegnung mit Alice Salomon am 29.IV.1948, unveröff. Ms.; zit. n. Wieler 1987, Anh. XX.
121 Personalakte „Dr. Alice Salomon", Archiv des Pestalozzi-Fröbel-Hauses Berlin.

122 Feustel 2008.
123 DESSA 2018.
124 Zur Collage als Methode vgl. Faber 2005.

Zeittafel

19.4.1872	Alice Salomon wird in Berlin in einer assimilierten jüdischen Familie als fünftes von sieben Kindern geboren, Vater: Albert Salomon (1832-1886), Kaufmann; Mutter: Anna Salomon (1838-1914), geb. Potocky-Nelken.
1878-1886	Besuch einer „Höheren Töchterschule"
1893	Mitglied der neugegründeten „Mädchen- und Frauengruppen für soziale Hilfsarbeit" in Berlin
1898	Mitwirkung bei der Gründung des ersten Arbeiterinnenklubs in Berlin
1899	Rede auf dem Internationalen Frauenkongress in London; Wahl zur Vorsitzenden der „Gruppen" und Eröffnung des ersten Jahreskurses für Soziale Arbeit
1900 ff.	Vorstandsmitglied des Bundes deutscher Frauenvereine als Schriftführerin und stellvertretende Vorsitzende (1910-1920)
1901	Mitarbeit am Handbuch „Frauenbewegung und soziale Frauenthätigkeit in Deutschland" (2. Bd. des „Handbuchs der Frauenbewegung", hrsg. von Helene Lange und Gertrud Bäumer)
1902–1904	Studium der Nationalökonomie, Geschichte und Philosophie;
1906	Promotion zum Dr. phil. an der Friedrich-Wilhelms-Universität zu Berlin
1904	Mitarbeit bei Organisation und Durchführung des Internationalen Frauenkongresses und des Heimarbeiter-Schutz-Kongresses in Berlin
1907/1908	Wahl in den Hauptausschuss des Deutschen Vereins für Armenpflege und Wohltätigkeit (ab 1919: Deutscher Verein für öffentliche und private Fürsorge); Grundsatzreferat über Mutterschutz und Mutterschaftsversicherung

1908-1925	Gründerin und Leiterin der interkonfessionellen Sozialen Frauenschule in Berlin-Schöneberg mit zweijähriger Ausbildung
1908	Beitritt zur linksliberalen Freisinnigen Volkspartei (ab 1919: Deutsche Demokratische Partei / DDP)
1909	Veröffentlichung des Lehrbuchs „Einführung in die Volkswirtschaftslehre"
1909	Erste Überseereise nach Kanada und in die USA: Wahl in den Vorstand des International Council of Women (ICW) als Schriftführerin (1909-1920) und Vizepräsidentin (1920 ff.); Organisation von Kongressen weltweit
1914	Übertritt zum Protestantismus; Tod der Mutter
1917/1918	Leiterin der Frauenabteilung des „Kriegsamts in den Marken"
1917-1933	Gründerin und Vorsitzende der Konferenz der Sozialen Frauenschulen Deutschlands
1919	Publikation eines frauenpolitischen Programms für die Wahlen zur Nationalversammlung; Mitarbeit in der DDP
1920	Niederlegung der Ämter im Vorstand des BDF wegen nationalistischer und antisemitischer Tendenzen im BDF
1921	Vortrag über sittliche Grundlagen und Ziele der Wohlfahrtspflege auf dem 37. Fürsorgetag des Deutschen Vereins für öffentliche und private Fürsorge
1923/1924	Gastvortrag auf der 50. American National Conference of Social Work in Washington; Rundreise durch die USA
1925-1933	Gründerin und Präsidentin der Deutschen Akademie für soziale und pädagogische Frauenarbeit
1926-1929	Berufung in einen beratenden Ausschuss des Internationalen Arbeitsamtes beim Völkerbund in Genf
1928	Leiterin der Sektion „Ausbildung zur sozialen Arbeit" auf der 1. Internationalen Konferenz für Soziale Arbeit in Paris

1928-1933	Leiterin und Herausgeberin der Forschungen zu „Bestand und Erschütterung der Familie in der Gegenwart“
1929-1937	Vorsitzende des neu gegründeten International Committee of Schools for Social Work (ICSSW; heute: International Association of Schools of Social Work/IASSW)
1932	60. Geburtstag: Verleihung des Dr. med. h.c. der Friedrich-Wilhelms-Universität Berlin und der Preußischen Staatsmedaille; die Soziale Frauenschule erhält den Namen „Alice-Salomon-Schule“.
1933	Verlust aller öffentliche Ämter in Deutschland; Schließung der Deutschen Akademie für soziale und pädagogische Frauenarbeit; Gründung eines Hilfskomitees für Emigrant_innen
1935	Veröffentlichung biographischer Portraits über die Friedensnobelpreisträgerinnen Bertha von Suttner und Jane Addams in Norwegen Wiederwahl zur Vorsitzenden des ICSSW; die deutschen Wohlfahrtsschulen erklären daraufhin ihren Austritt.
1936/37	Letzte Auslandsreise und Vortragstour durch die USA
24.5.1937	Verhör durch die Gestapo und Ausweisung aus Deutschland;
12.6.1937	Emigration via England in die USA
1939	Aberkennung des Doktortitels und der deutschen Staatsangehörigkeit; Verleihung der Medaille für humanitäre Verdienste der West-Side YMCA
1942	Festveranstaltung zum 70. Geburtstag in New York
1944	Erwerb der amerikanischen Staatsbürgerschaft; Beendigung des Manuskripts der Autobiographie „Character is Destiny“
1946/1947	Ehrenpräsidentin des ICSSW und des ICW
30.8.1948	Alice Salomon stirbt in New York.

1983	Erstmalige Veröffentlichung der Autobiographie (in deutscher Übersetzung)
1991	Die Fachhochschule für Sozialarbeit und Sozialpädagogik, Nachfolgerin der Sozialen Frauenschule, erhält den Namen „Alice Salomon“; heute: Alice Salomon Hochschule/ASH Berlin.
18.3.1997	Die Aberkennung des Doktortitels wird von der Humboldt-Universität (vormals Friedrich-Wilhelms-Universität) für ungültig erklärt.
2000	Gründung des Alice Salomon Archivs der ASH Berlin;
2001	erstmalige Verleihung des Alice Salomon Award an die israelische Feministin Alice Shalvi
2008	Festlichkeiten zum 100-jährigen Jubiläum der Alice Salomon (Hoch-)Schule mit internationalem Programm und Beteiligung zahlreicher Angehöriger Alice Salomons aus drei Generationen aus verschiedenen europäischen und außereuropäischen Ländern.

Literatur

Primärliteratur: Alice Salomon

Salomon (1896): Alice Salomon, Das Kaiser und Kaiserin-Friedrich-Kinderheim in Bornstedt, in: AS Ausgew. Schr. 1, 1-3 (Alice Salomon. Frauenemanzipation und soziale Verantwortung. Ausgewählte Schriften in 3 Bändern, hg. v. Adriane Feustel, Neuwied u.a. 1997–2004, zit. als: AS Ausgew. Schr.).

Salomon (1899a): Alice Salomon, Frauenklubs, in: AS Ausgew. Schr. 1, 28-31.

Salomon (1899b): Alice Salomon, Jeannette Schwerin, in: AS Ausgew. Schr. 1, 7-16.

Salomon (1900a): Alice Salomon, Klubs und Erholungsheime für jugendliche Arbeiter, in: AS Ausgew. Schr. 1, 64-70.

Salomon (1900b): Alice Salomon, Protective Legislation in Germany, in: Women in Industrial Life. The Transactions of the Industrial and Legislative Section of the International Congress of Women, London, 36–40.

Salomon (1901a): Alice Salomon, Die Arbeiterinnenbewegung, in: Helene Lange u. Gertrud Bäumer (Hgg.), Handbuch der Frauenbewegung II. Teil, Berlin, 205-257.

Salomon (1901b): Alice Salomon, Die Frau in der sozialen Hilfstätigkeit, in: Helene Lange u. Gertrud Bäumer (Hgg.), Handbuch der Frauenbewegung II. Teil, Berlin, 1-122.

Salomon (1901c): Alice Salomon, Walter Besant und die Volksheim-Bewegung, in: AS Ausgew. Schr. 1, 75-79.

Salomon (1902): Alice Salomon, Zur Verteidigung der Arbeiterschutzgesetze, in: AS Ausgew. Schr. 1, 130-137.

Salomon (1905a): Alice Salomon, Die Entfaltung der Persönlichkeit und die sozialen Pflichten der Frau, in: AS Ausgew. Schr. 1, 253-261.

Salomon (1905b): Alice Salomon, Soziale Arbeit und persönliches Glück, in: AS Ausgew. Schr. 1, 261-267.

Salomon (1906): Alice Salomon, Die Ursachen der ungleichen Entlohnung von Männer- und Frauenarbeit [Phil. Diss.], Leipzig.

Salomon (1908a): Alice Salomon, Die Entwicklung der Theorie der Frauenbewegung, in: AS Ausgew. Schr. 1, 393-437.

Salomon (1908b): Alice Salomon, Mütter und Töchter, in: AS Ausgew. Schr. 1, 437-450.
Salomon (1909a): Alice Salomon, Einführung in die Volkswirtschaftslehre. Ein Lehrbuch für Frauenschulen, Leipzig u. Berlin.
Salomon (1909b): Alice Salomon, Lehrpläne der Frauenschule – Volkswirtschaftslehre, in: AS Ausgew. Schr. 2, 54-67.
Salomon (1910): Alice Salomon, Ideal und Wirklichkeit, in: AS Ausgew. Schr. 2, 124-129.
Salomon (1912): Alice Salomon, Das Problem der Armut, in: AS Ausgew. Schr. 2, 230-239.
Salomon (1913): Alice Salomon, Zwanzig Jahre soziale Hilfsarbeit, Karlsruhe.
Salomon (1917): Alice Salomon, Die Ausbildung zur sozialen Berufsarbeit, in: AS Ausgew. Schr. 2, 461-476.
Salomon (1919a): Alice Salomon, Der Ausschuß zur Vorbereitung der Frauen für die Nationalversammlung, in: AS Ausgew. Schr. 3, 24-26.
Salomon (1919b): Alice Salomon, Die deutsche Frau und ihre Aufgaben im neuen Volksstaat, in: AS Ausgew. Schr. 3, 3-23.
Salomon (1919c): Alice Salomon, Soziale Arbeit und Sozialismus, in: AS Ausgew. Schr. 3, 31-42.
Salomon (1919d): Alice Salomon, Wie stellt sich der soziale Arbeiter und die einzelne Organisation der privaten Wohlfahrtspflege auf die neuen Verhältnisse ein?, in: Concordia 26 (1919), 113-116.
Salomon (1921a): Alice Salomon, Leitfaden der Wohlfahrtspflege, unter Mitwirkung von S. Wronsky, Leipzig u. Berlin.
Salomon (1921b): Alice Salomon, Die sittlichen Grundlagen und Ziele der Wohlfahrtspflege, in: AS Ausgew. Schr. 3, 134-145.
Salomon (1922): Alice Salomon, Die inneren Grundlagen der Jugendwohlfahrtspflege. Erziehung, Fürsorge, Selbsthilfe, in: AS Ausgew. Schr. 3, 157-167.
Salomon (1923): Alice Salomon, The Relation of the Church to Social Workers, in: AS Ausgew. Schr. 3, 172-176.
Salomon (1926): Alice Salomon, Soziale Diagnose, in: AS Ausgew. Schr. 3, S. 255-314.
Salomon (1928): Alice Salomon, Jugend- und Arbeitserinnerungen, in: AS Ausgew. Schr. 3, 383-402.
Salomon (1929): Alice Salomon, Die deutsche Akademie für soziale und pädagogische Frauenarbeit im Gesamtaufbau des deutschen Bildungswesens, in: AS Ausgew. Schr. 3, 443-451.

Salomon (1930): Alice Salomon, Typenwandel der Sozialbeamtinnen und Struktur des sozialen Berufs, in: AS Ausgew. Schr. 3, 475-483.
Salomon (1932): Alice Salomon, Soziale Führer. Ihr Leben, ihre Lehren, ihre Werke, Leipzig.
Salomon (1933a): Alice Salomon, Forschungen über "Bestand und Erschütterung der Familie in der Gegenwart", in: AS Ausgew. Schr. 3, 503-510.
Salomon (1933b): Alice Salomon, Münsterberg, Emil (1855-1911), in: Encyclopedia of the Social Sciences 11, New York, 135-136.
Salomon [1944]: Alice Salomon, Character is Destiny, ungek. Typoskript [undatiert], Deutsches Zentralinstitut für soziale Fragen, Berlin.
Salomon (2008): Alice Salomon, Lebenserinnerungen. Jugendjahre – Sozialreform – Frauenbewegung – Exil, bearb. und aus dem Engl. übersetzt v. Rolf Landwehr, F.a.M.

Sekundärliteratur

Althans (2007): Birgit Althans, Das maskierte Begehren. Frauen zwischen Sozialarbeit und Management, F.a.M.
Baron u. Landwehr (1983): Rüdeger Baron u. Rolf Landwehr, Von der Berufung zum Beruf, in: Rüdeger Baron (Hg.), Sozialarbeit und Soziale Reform, Weinheim u. Basel, 1-36.
Bock (2000): Gisela Bock, Frauen in der europäischen Geschichte. Vom Mittelalter bis zur Gegenwart, München.
Booth (1889): Charles Booth, Life and Labour of the People in London, London u. New York.
Braches-Chyrek (2013): Rita Braches-Chyrek, Jane Addams, Mary Richmond und Alice Salomon. Professionalisierung und Disziplinbildung Sozialer Arbeit, Opladen, Berlin, Toronto.
Brenner (2000): Michael Brenner, Jüdische Kultur in der Weimarer Republik, München.
Buber (1919): Martin Buber, Der heilige Weg. Ein Wort an die Juden und an die Völker, F.a.M..
DESSA (2018): DESSA, The Art of Remembrance. Alice Salomon, Berlin.
Dilthey (1883): Wilhelm Dilthey, Einleitung in die Geisteswissenschaften, Ges. Schr. 1, Leipzig 1914.

Durkheim (1895): Emile Durkheim, Regeln der soziologischen Methode, Neuwied u. Berlin 1961.

Dürkop (1984): Marlis Dürkop, Erscheinungsformen des Antisemitismus im Bund Deutscher Frauenvereine, in: Feministische Studien 3/4, 140-149.

Faber (2005): Richard Faber, Der Collage-Essay. Eine wissenschaftliche Darstellungsform. Hommage à Walter Benjamin, F.a.M.

Faber (2011): Richard Faber, Eine literarische Intellektuellen-Typologie. Thomas Manns Beitrag zu Geschichte und Theorie des (Anti-)Humanismus, Würzburg.

Feustel (2004): Adriane Feustel (Hg.), Die Schriften Alice Salomons. Bibliographie 1896-2004, Berlin.

Feustel (2008): Adriane Feustel, Alice Salomon – Vom Unrecht sprechen, https://www.ash-berlin.eu/100-Jahre-ASH/rueckblick/doc/6_2_feustel_de.pdf, (Stand: 19.4.2020)

Feustel (2011): Adriane Feustel, Das Konzept des Sozialen im Werk Alice Salomons, Berlin.

Feustel (2018): Adriane Feustel, Alice Salomon – "The Art of Living", in: DESSA, The Art of Remembrance. Alice Salomon, Berlin, 16-29.

Feustel u. Koch (2008): Adriane Feustel u. Gerd Koch (Hgg.), 100 Jahre Soziales Lehren und Lernen. Von der Sozialen Frauenschule zur Alice Salomon Hochschule Berlin, Berlin.

Frevert (1988): Ute Frevert (Hg.), Bürgerinnen und Bürger. Geschlechterverhältnisse im 19. Jahrhundert, Göttingen.

Gerhard (1997): Ute Gerhard (Hg.), Frauen in der Geschichte des Rechts, München.

Gombrich (1996): Ernst H. Gombrich, Die Geschichte der Kunst, 16. Aufl. Berlin.

Groschopp (2016): Horst Groschopp, Humanitäre Praxis, in: Hubert Cancik u. Horst Groschopp u. Frieder Otto Wolf (Hgg.), Humanismus: Grundbegriffe, Berlin u.a., 225-232.

Halpern u. Lau (2019): Ayana Halpern u. Dayana Lau, Traces of Social Work between Germany and Mandatory Palestine: Pre- and Post-Immigration Biographies of Jewish Practitioners as a Case Study for Professional Reconstruction, in: Naharaim: Journal of German-Jewish Literature and Cultural History, 13/1-2, 163-188.

Hansen-Schaberg (2009): Inge Hansen-Schaberg, Die Vertreibung des Sozialen und der emanzipatorischen Ansätze in der Pädagogik, in: Feustel u.a. (Hgg.), Die Vertreibung des Sozialen, München, 14-35.

Harlan (1986): Volker Harlan, Was ist Kunst? Werkstattgespräch mit Joseph Beuys. Stuttgart.

Hausen (1983): Karin Hausen (Hg.), Frauen suchen ihre Geschichte. Historische Studien zum 19. und 20. Jahrhundert, München.

Hepp (1987): Carola Hepp, Avantgarde, München.

James (1907): William James, Der Pragmatismus. Ein neuer Name für alte Denkmethoden, hg. v. Klaus Oehler, 2. Aufl. Hamburg 1994.

Kaplan (1997): Marion A. Kaplan, Jüdisches Bürgertum. Frau, Familie und Identität im Kaiserreich, Hamburg.

Kleinau u. Opitz (1996): Elke Kleinau u. Claudia Opitz (Hgg.), Geschichte der Mädchen- und Frauenbildung, Bd. 2: Vom Vormärz bis zur Gegenwart, F.a.M. u. New York.

Kniephoff-Knebel (2006): Annette Kniephoff-Knebel, Internationalisierung in der Sozialen Arbeit. Eine verlorene Dimension der weiblich geprägten Berufs- und Ideengeschichte, Schwalbach/Ts.

Kocka (2004): Jürgen Kocka, Das lange 19. Jahrhundert, Stuttgart.

Kruse (2004): Elke Kruse, Stufen zur Akademisierung. Wege der Ausbildung für Soziale Arbeit von der Wohlfahrtsschule zum Bachelor-/Mastermodell, Wiesbaden.

Kruse (2008): Elke Kruse, Die Hochschulgeschichte der ASFH (1971-2008), in: Adriane Feustel u. Gerd Koch (Hgg.), 100 Jahre Soziales Lehren und Lernen, Berlin, 147-191.

Kuhlmann (2007): Carola Kuhlmann, Alice Salomon und der Beginn sozialer Berufsausbildung. Eine Biographie, Stuttgart.

Kuhlmann (2008): Carola Kuhlmann, „Nicht Wohltun, sondern Gerechtigkeit". Alice Salomons Theorie Sozialer Arbeit, Stuttgart.

Landwehr u. Baron (1995): Rolf Landwehr u. Rüdeger Baron (Hgg.), Geschichte der Sozialarbeit. Hauptlinien ihrer Entwicklung im 19. und 20. Jahrhundert, 3. Aufl. Weinheim u. Basel.

Metzmacher (2009): Ingo Metzmacher, Luft von anderen Planeten, http://www.dso-berlin.de/content/e18630/e18669/e18722/e18723/DSO_heft1909_RZ_web_ger.pdf (Stand 1.3.2020).

Müller (2008a): Burkhard Müller, Sozialpädagogisches Können, 5. Aufl. Freiburg i. Br.

Müller (2008b): C. Wolfgang Müller, Exkurs: Methodenlehre als Medium der Neuorientierung, in: Adriane Feustel u. Gerd Koch (Hgg.), 100 Jahre Soziales Lehren und Lernen, Berlin, 104-112.

Müller (2013): C. Wolfgang Müller, Wie Helfen zum Beruf wurde. Eine Methodengeschichte der Sozialen Arbeit, Weinheim.

Orbach (2005): Harold. L. Orbach, The Chicago Pragmatist Ideal of the Social, in: Adriane Feustel (Hg.), Europa und Amerika, Berlin, 9-28.
Pearson (1888): Karl Pearson, The Ethic of Freethought, London.
Peters (1984): Dietlinde Peters, Mütterlichkeit im Kaiserreich. Bielefeld.
Richmond (1917): Mary E. Richmond, Social Diagnosis, New York.
Rommelspacher (1991): Birgit Rommelspacher, Weibliche Sozialarbeit, in: Frank Nestmann u. Christiane Schmerl (Hgg.), Frauen – Das hilfreiche Geschlecht, Reinbek bei Hamburg, 124-148.
Sachße (1986): Christoph Sachße, Mütterlichkeit als Beruf. Sozialarbeit, Sozialreform und Frauenbewegung 1871-1929, F.a.M.
Sachße u. Tennstedt (2005): Christoph Sachße u. Florian Tennstedt, Der Deutsche Verein von seiner Gründung bis 1945, in: Forum für Sozialreformen. 125 Jahre Deutscher Verein für öffentliche und private Fürsorge, Berlin, 17-115.
Schmidbauer (1978): Wolfgang Schmidbauer, Die hilflosen Helfer: Über die seelische Problematik der helfenden Berufe, Hamburg.
Schöppner (2018): Ralf Schöppner (Hg.), Menschen stärken ohne Populismus. Humanistische Weltanschauung zwischen Alltagshumanismus, Werturteilen und Wissenschaft, Aschaffenburg.
Schröder (2001): Iris Schröder, Arbeiten für eine bessere Welt. Frauenbewegung und Sozialreform 1890-1914, F.a.M. u. New York.
Schröder u. Schüler (2002): Iris Schröder u. Anja Schüler, Soziale Arbeit als Glücksversprechen, in: Adriane Feustel (Hg.), Sozialpädagogik und Geschlechterverhältnis 1900 und 2000, Berlin, 27-34.
Schüler (2004): Anja Schüler, Frauenbewegung und soziale Reform. Jane Addams und Alice Salomon im transatlantischen Dialog, 1889-1933, Stuttgart.
Schüler (2005): Anja Schüler, 'To add the social function to democracy'. Civic Education im Hull House Settlement in Chicago, in: Adriane Feustel (Hg.), Europa und Amerika, Berlin, 38-50.
Schweinitz (1924): Karl de Schweinitz, The Art of Helping People out of Trouble, Boston u. New York.
Simmel (1890): Georg, Simmel, Über sociale Differenzierung. Soziologische und Psychologische Untersuchungen, Leipzig.
Simmel (1908): Georg Simmel, Soziologie: Untersuchungen über die Formen der Vergesellschaftung, Simmel GA 11, hg. v. Otthein Rammstedt, F.a.M. 1992.
Simon (2012): Hermann Simon, Moses Mendelssohn. Gesetzestreuer Jude und deutscher Aufklärer, Berlin.

Staub-Bernasconi (2002): Silvia Staub-Bernasconi, Unterschiede im Theorieverständnis von Sozialarbeit/Sozialpädagogik, in: Adriane Feustel (Hg.), Sozialpädagogik und Geschlechterverhältnis 1900 und 2000, Berlin, 35-45.

Thébaud (1995): Françoise Thébaud (Hg.), Das 20. Jahrhundert (= Georges Duby u. Michelle Perrot (Hgg.), Geschichte der Frauen 5), F.a.M.

Toller (1919): Ernst Toller, „Masse Mensch. Ein Stück aus der sozialen Revolution", in: Ernst Toller, GW 2, Berlin 1978, 63-112.

Toppe (2019): Sabine Toppe, Mädchen- und Frauengruppen für soziale Hilfsarbeit (1893-1933), in: Digitales Deutsches Frauenarchiv; URL: https://www.digitales-deutsches-frauenarchiv.de/themen/maedchen-und-frauengruppen-fuer-soziale-hilfsarbeit-1893-1933 (Stand 4.3.2020).

Tramsen (2003): Eckhard Tramsen, Semiotische Aspekte der Religionswissenschaft. Religionssemiotik, in: Roland Posner u. Klaus Robering u. Thomas A. Sebeok (Hgg), Semiotik. Ein Handbuch zu den zeichentheoretischen Grundlagen von Natur und Kultur 3, Berlin u. New York, 3310-3344.

Wehler (2006; 2003): Hans-Ulrich Wehler, Deutsche Gesellschaftsgeschichte 3: 1849-1914; 4: 1914-1949, München.

Wieler (1987): Joachim Wieler, Erinnerung eines zerstörten Lebensabends. Alice Salomon während der NS-Zeit (1933-1937) und im Exil (1937-1948), Darmstadt.

Wohlfarth (2016): Heinz Bernhard Wohlfarth, Humanitarismus, in: Hubert Cancik u. Horst Groschopp u. Frieder Otto Wolf (Hgg.), Humanismus: Grundbegriffe, Berlin u.a., 31-38.

Zedaka (1992). Jüdische Sozialarbeit im Wandel der Zeit. 75 Jahre Zentralwohlfahrtsstelle der Juden in Deutschland 1917-1992, hg. v. Jüdisches Museum, F.a.M.

Zeller (2018): Susanne Zeller, Von der Wohltätigkeit zur sozialen Verpflichtung für das Gemeinwesen, in: Deutsches Zentralinstitut für soziale Fragen (Hg), 125 Jahre DZI. Von der Armenpflege zum Sozialstaat und zur Zivilgesellschaft, Berlin, 17-40.

Abbildungen

Cover: Alice Salomon um 1929; Fotograph: Willi Römer, © bpk (Bildagentur Preußischer Kulturbesitz) / Kunstbibliothek, SMB, Photothek Willy Römer / Willy Römer.

Abb. 1: Alice Salomon vor der Sozialen Frauenschule in Berlin-Schöneberg um 1916; Fotografin: Schülerin der Sozialen Frauenschule, Quelle: Alice Salomon Archiv der Alice Salomon Hochschule Berlin, Sign. X.A.1.1918.1.

Abb. 2: A Humanitarian Exiled, New York Times, July 14, 1937, p. 20.

Abb. 3: Küche einer Arbeiterwohnung in Berlin, Möckernstr. 115, 1904; Fotograf: Heinrich Lichte, © Bildagentur Preußischer Kulturbesitz, Heinrich Lichte.

Abb. 4: Arbeiterinnenheim in der Brückenstraße in Berlin-Mitte um 1900; Fotograf: unbekannt, Quelle: Broschüre „Was beginne ich nach der Schule", undatiert [vor 1914], S. 7; Alice Salomon Archiv der Alice Salomon Hochschule Berlin, Sign. B.7.

Abb. 5: Bibliothek des „Berliner Frauenklubs von 1900"; Fotograf: unbekannt, Quelle: Archiv der Humboldt-Universität zu Berlin (?).

Abb. 6: Mädchen- und Frauengruppen für soziale Hilfsarbeit, Programm für das Arbeitsjahr 1895/96, Broschüre; Deckblatt.

Abb. 7: Alice Salomon, 1899; Foto: Hof-Atelier Elvira, München, Quelle: Alice Salomon Archiv der Alice Salomon Hochschule Berlin: Sign. X.A1.1929a.2.

Abb. 8: Alice Salomon: Die Ursachen der ungleichen Entlohnung von Männer- und Frauenarbeit. Inaugural-Dissertation (= Staats- und sozialwissenschaftliche Forschungen hrsg. von Gustav Schmoller und Max Sering, H. 122), Leipzig 1906; Cover.

Abb. 9: Alice Salomon mit Schülerinnen auf dem Dachgarten der Sozialen Frauenschule in Berlin-Schöneberg, 1915, Fotograf:

Eric Pollitzer, Courtesy of the Leo Baeck Institute New York; Alice Salomon Archiv der Alice Salomon Hochschule Berlin: X.A.1.1915.1.

Abb. 10: Ethische Kultur. Wochenschrift 1.1, 1. Januar 1893, S. 1; Ausschnitt.

Abb. 11: Alice Salomon: Die sittlichen Grundlagen und Ziele der Wohlfahrtspflege, Quelle: Bericht über die Verhandlungen des 37. Deutschen Fürsorgetages des Deutschen Vereins für öffentliche und private Fürsorge am 28. und 29. Okt. 1921 in Weimar, Karlsruhe 1922, S. 1; Ausschnitt, Deutsches Zentralinstitut für soziale Fragen Berlin.

Abb. 12: Alice Salomon, 1932; Fotograf: unbekannt, Quelle: Die Frau 39/1932 (= Sonderheft zu Alice Salomons 60. Geburtstag); Titelbild.

Abb. 13: Alice Salomons Reisepass vom 28.05.1937, S. 2 u. 3, Courtesy of the Leo Baeck Institute New York, AR 3875 Alice Salomon Collection.

Abb. 14: Alice Salomons Grab, Evergreens Cemetary, Brooklyn, New York (1982); Fotograf: Joachim Wieler, © Joachim Wieler.

Abb. 15: DESSA: An Intensive Life, Collage, 2017, 100x70cm; Fotograf: Joerg Hammer, © Dessa (Deborah Petroz-Abeles).

Über die Autorin

Adriane Feustel, Dr. phil., Jg. 1943, Historikerin, Gründerin und bis 2013 Leiterin des Alice Salomon Archivs der Alice Salomon Hochschule Berlin. Editorin einer umfangreichen historisch kritischen Neuauflage der Schriften Alice Salomons; Forschungen und Publikationen zu Sozial- und Frauengeschichte des 19./20. Jahrhunderts, besonders zum Werk Alice Salomons.

HUMANISTISCHE PORTRÄTS

Birgit Dahlke

Christa Wolf
(1929–2011)
Antifaschistin – Humanistin – Sozialistin

98 Seiten | Broschur
Format 13 x 21 cm | ISBN 978-3-8260-6822-5
Humanistische Porträts Band 1

Volker Riedel

Heinrich Mann
(1871–1950)
Zwischen „Macht der Güte“ und „Diktatur der Vernunft“

82 Seiten | Broschur
Format 13 x 21 cm | ISBN 978-3-8260-6885-0
Humanistische Porträts Band 2

Uwe Plath

Sebastian Castellio
(1515–1563)
Vorkämpfer für Toleranz im konfessionellen Zeitalter

92 Seiten | Broschur
Format 13 x 21 cm | ISBN 978-3-8260-6982-6
Humanistische Porträts Band 3

Verlag Königshausen & Neumann GmbH
Postfach 6007 · D-97010 Würzburg
Tel. (09 31) 32 98 70-0 · Fax (09 31) 8 36 20
www.koenigshausen-neumann.de